文庫

列島の歴史を語る

網野善彦
藤沢・網野さんを囲む会 編

筑摩書房

目次

第一章　日本史の転換点としての中世――東国と西国　9
内藤湖南の発言をめぐって　12／若狭の漁村に見る日本の中世像　17／朝鮮半島・中国大陸との交流　22／「夷千島王」――北の交易　26／東日本と西日本の大きな相違点　30／天皇を巡る現在の問題　38
【質疑応答】　45
第二章　〈無縁の原理〉と現代
――『日本中世の民衆像』と『無縁・公界・楽』を読んで　85
【質疑応答】　私にとっての戦時期と戦後一〇年　94／ワク組みのなかでの思考　98／「常民文化研究所」と「歴史学研究会」　100／『無縁・公界・楽』から見えてきたもの　107／歴史家としての課題　111／歴史の進

歩とは何か――「霞ヶ浦四十八津」から考える　115／中世の〈公〉とは何か　120／〈無縁の自覚化〉とは　124／「天皇制」と「統治権的支配」について　127／山野河海・無主の場所のあり方とは　135／〈原無縁〉と人間の本質　137／抵抗・主張することの意味　140

第三章　新たな視点から描く日本社会の歴史　151

日本人とインディオの共通点　154／「農民」と「非農業民」　158／縄文時代の障害者と差別　161／縄文は「日本」独自の文化か　164／土器からわかる婚姻の形　169／「反乱」か「戦争」か　173／交流はどんな言葉で行われたのか　175／調・庸・贄などをなぜ負担したのか　177／「自由民」と「支配者」の緊張関係　183／交易・市と国家　188
【質疑応答】人の支配・土地の支配　191／年貢は土地への賦課か　196

第四章　日本人・日本国をめぐって――中世国家成立期の諸問題　231

「日本民族」とは　235／「日本論」再検討の必要性　238／「島国論」はイデオロギー　242／さまざまな史実が証明する交流の歴史　246／活発だっ

た唐船貿易　248／唐船は日本で造られていたのでは？　253／外国と直接結びついていた西日本の領主たち　256／世界地図の中心は日本か　260／稲作一元論の持つ危険性　262／単一民族・単一国家論は間違い　263／日本列島を一つの時代区分で見る危うさ　264／均質の意識と文字の役割　269／神仏への隷属とは　274／後醍醐と文観と悪党　279／「異形」の天皇　284

第五章　時宗と「一遍聖絵」をめぐって　295

「一遍聖絵」の時代背景　297／都市的な場の出現と市庭　303／「遊行」「賦算」「踊り念仏」　310／神仏と金融・商業　316／自らを捨てる一遍の生き方　321／時宗教団の発展　325

あとがき……………藤沢・網野さんを囲む会　松延康隆　333
文庫版あとがき……………藤沢・網野さんを囲む会　阿部　忠　337
網野さんと私……………五味文彦　341

列島の歴史を語る

第一章　日本史の転換点としての中世——東国と西国

一九八二年十二月八日　神奈川県藤沢市民会館

司会——今日はお忙しいなか、講演会にお集まりいただきまして、どうもありがとうございました。ささやかですが研究会を行ってまいりましたグループとして、心からお礼申し上げます。

さて、今回は神奈川大学短期大学の教授、また日本常民文化研究所[1]のメンバーでいらっしゃいます網野善彦先生をお迎えいたしました。すでにご存じのみなさまもいらっしゃると思いますが、網野先生は阿部謹也先生との共著『中世の再発見』や、私たちにとっても衝撃的なご著書でありました『無縁《むえん》・公界《くがい》・楽《らく》』『中世東寺と東寺領荘園』『日本中世の民衆像』、そして今日の講演のテーマでもあります『東と西の語る日本の歴史』などのご著書のなかで、いままで歴史の暗黒時代といわれていた日本の中世史に新鮮で画期的な鋭い視点を提示されておられます。特に今日は、歴史に対する私たちの常識的な認識を根底的に改め、それと共に現在の私たちのいる位置を新たな視点から考えてみようということで、「日本史の転換点としての中世——東国と西国」というテーマで講演していただくことになりました。また講演後、質疑応答の時間もとっていただけるということなので、みなさま方の活発で積極的なご発言をお願いしたいと思います。

ただいまご紹介いただきました網野でございます。

実は、今日の講演のテーマと同様な内容を、最近出した『東と西の語る日本の歴史』のなかでほとんど言いつくしてしまいまして、万一それをお読みいただいていましたら、話にかなり重複もありますので、その点についてまずご了承いただきたいと思います。

私があの本を書いたとき、〈東と西〉というテーマを選んだ最大の理由は、これまで日本人・日本は「縄文の時代から単一の民族を成していた」、また、通常「大和朝廷の統一といわれる時期から一貫して、一つの国家をこの日本列島上に形成していた」というような理解が、どことはなしに、われわれ自身のなかに深く根を下ろしているのではないか、そしてそのことが、日本人あるいは日本民族を本当の意味で理解する上にかなり大きな盲点をつくり出してきたのではないか、と考えたことがきっかけになったと申し上げていいと思います。

内藤湖南の発言をめぐって

そういう問題は、これまでにも歴史家たちのなかでさまざまな角度から議論されてきているのですが、なかんずく私にとってたいへん印象的な発言の一つとして、大正時代に京都大学で東洋史学の基礎を築いた内藤湖南《ないとうこなん》の発言を挙げたいと思います。彼の著作『日本文化史研究』（講談社学術文庫）のなかに「今日の日本を知るために、日本の歴史を研究するためには、古代の歴史を研究する必要は殆どありませぬ。応仁の乱以後の歴史を知っておったらそれでたくさんであります。それ以前のことは外国の歴史と同じくらいにしか感ぜられませぬが、応仁の乱以後はわれわれの真の身体骨肉に直接触れた歴史であって、これを本当に知っておれば、それで日本の歴史は充分だと言っていいのであります」という一節があります。

これはよく知られている発言でして、確か一九八一年でしたか、東京大学の入試問題にも出題され、これについて百字程度の感想を書かせたように記憶しています。この発言は、当時（大正時代）としてはかなり思い切った発言であったと言ってよろしいのではないかと思います。当時、内藤さんのこの発言がどの程度一般の方の間に浸透していたかはわかりませんが、ともあれ、日本の歴史全体を問題にする場合、「応仁の乱以前と以後」とは非常に大きな違いがあること、応仁の乱以前の歴史というのは、当時から考えてみても、まったく外国の歴史と同じような意味しか持たないのだ、とおっしゃっているわけです。

私はもうちょっと時期を遡って、「室町時代以後とそれ以前」くらいに考えたいと思っています。

日本列島上における社会のなかで、室町時代に非常に大きな転換点があって、室町時代以後については、現在までと一応言ってもよいと思いますが、少なくとも戦前くらいまでの日本の文化や社会のあり方に確実につながるものがある。室町時代以前は、実はかなり質が違う。内藤さんはそれを外国の歴史と同じだとはっきり言っておられます。それほどの大きな質的な違いがあるのだという指摘をされておられるのです。

実際、これはさまざまな面で証明することができるわけです。例えば言語について申しますと、いわゆる近代語、現代の口語というのは室町時代以降にだいたい現在の基準が出来上がったといわれています。個々の言葉について一例を挙げますと、「自由」という言葉なども、室町時代以後すべてが現在と同じ意味で使われていたとは申しませんが、少なくとも現在に近い自由の意味があり、自由という言葉が多少ともその意味で表現されるようになり始めるのです。それ以前には、自由という言葉はマイナスの評価にしか使われていない。つまり、「自由放埒《ほうらつ》(2)」とか「自由狼藉《ろうぜき》(3)」というふうな意味にしか使われていません。言葉の個々の意味に関連しても、室町時代以後と以前とではかなりの違いが見出されるわけです。

他の事例を挙げてみますと、例えばお茶やお花、歌舞伎等々につながる能や狂言のような、いわゆる伝統的な演劇・芸能にしても、やはりみな室町時代以降に形を成し、それが現代にまでつながっていると考えられています。日本風といわれる建築様式についても同様のことがいわれでいるようです。

それからこれはどこまで実証的に言えるかどうか、なかなか問題はあると思いますが、柳田国男さんの有名な指摘があります。それは「現在日本の農村のうち、三分の二か、四分の三くらいは室町時代に形を成したものであり、それ以前の（農村の）歴史は必ずしも判然としない」という指摘です。

この数字についてては若干問題があると思いますが、たとえ古代から近代まで連続した村落が存在している場合でも、室町期とそれ以前では村落の構成の仕方にかなりの違いがあるという意味も含めて、この発言はかなり真理を突いているのではないかと思われます。

いま申し上げましたような日本の伝統文化は、現在につながる農村・漁村・山村、あるいは都市が、一応その形を成した社会を基礎に生まれているわけです。そういった社会が成長してくるのがだいたい室町時代以降である、ということになるとすると、先ほどの内藤さんのご指摘は、この変化を非常に先駆的に突かれたものであると言って差し支えないのではないかと思われます。古代〜中世〜近代とわれわれが使っている時代区分は、それなりに充分意味はありますし、それ自体は決して根拠のない区分ではないと、もちろん私も充分に認めています。しかしそれとはやや異なる意味で、内藤さんの言葉によると、日本の社会の歴史のなかに「外国の歴史」から「現在に連なる歴史への転換」と表現しても決して大きな間違いではない転換の時期があり、そこで時代を区分する仕方もある、と言い得ると思います。

初めに申しましたように、一貫して単一民族と考えられてきた日本人観・日本民族観をもう一度根底から考えてみようとするとき、これは非常に大切な観点になるのではないかと思われるのです。

ところで、問題は現在なのですが、いま申し上げましたような日本の伝統文化を支えてきた基盤の社会そのものが、高度成長期を通じて崩壊しつつある、と言ってもよいと思われます。内藤さんのご指摘から、南北朝の内乱(4)を境にして室町時代以後と以前との間には大きな違いがあること、そこに日本の歴史の一つの区分を認め得るのではないかというふうに申し上げましたが、あるいはそれにも比較できるほどの大きな転換期を現在の日本の社会は経験しつつあるのではないかと私は考えております。

そういう現実の上に立ってみると、日本の歴史の全体を見直し、日本人とはなにか、という問題を改めて考えてみることは、現時点では非常に大切な問題であると思われます。

若狭の漁村に見る日本の中世像

そこで、〈東と西〉の問題を含めて、室町時代以降とそれ以前とで、日本列島上の人類社会の歴史を区分してみた場合、この時期の変化がどういう意味を持っていたのか、そのことについて若干述べてみたいと思います。

現在私は、神奈川大学日本常民文化研究所に関係していますが、この研究所が戦前以来最大の研究テーマとしてきましたのは、一つは民具の研究であり、もう一つは漁業史、漁業の研究なのです。そういう事情がありますので、最初に漁業史の面からこの問題を考えてみたいと思います。

現在、漁業史の研究というのは歴史学の分野のなかで非常に空白になっています。最近、江戸時代の漁村・漁業史の専門家であった荒居英次さんがお亡くなりになったので、おそらく近世史の分野での専門の研究者はほとんどゼロになってしまったのではないかと思われる現状なのです。そういった分野を長年にわたって手がけてきましたのがこの常民文化研究所でして、私にとってもたいへん縁の深い分野ですので、まず海の社会の問題を取り上げてみたいのです。

これまでの日本史のなかで、しばしば「日本は島国」であるといわれてきました。このように「島国」であるということを強調するのは多くの場合、日本が周辺の民族から孤立した国であるという捉え方を根拠づけるときにそうなるのだと思います。そして先ほど申しましたような、日本が単一の国家であり、単一の民族であるという考え方も、「日本は島国である」という見方によって非常に強く支えられているのではないかと思われます。しかし、私はこういう考え方そのものが歴史的につくられてきた見方なのではないか、こういう考え方が本当に根付いてくるのは鎖国以後、江戸時代のことなのではないかと考えるわけです。例えば、現在われわれが見ている漁村の印象を、中世の漁村にそのままあてはめてしまいますと、実はたいへんな間違いをおかすおそれがあるのです。私はそれほどたくさんの漁村を歩いているのではないのですが、いままで歩いてきた範囲のなかでも、十五〜十六世紀以前と以後とでは、漁村のあり方に非常に大きな違いがあることをしばしば感じてきました。

その一つの例として、福井県の若狭湾を囲むように日本海側のほうに突き出している常《つね》神《がみ》半島の北端近くにある神子浦《みこうら》(6)という（昔は御賀尾浦《みかおうら》といっていましたが）小さな漁村を取り上げてみたいと思います。

戦後の頃は、ここは戸数が少なく、まさに寒村といってもいいほどの小さな漁村だったようです。中世には若狭の浦々に、「刀禰《とね》」(7)という役職を持った人がいました。いまでも刀禰さんという姓があちこちにあります。江戸時代でいうと名主にあたる役ですが、むしろ漁民集団の首長という立場にある人であり、御賀尾浦の刀禰は、十四世紀以後は「大《おお》音《と》」という姓を持った家でした。この家はいままで続いているのですが、そこに中世の文書がたくさん残っております。

文書を調べてみますと、十六世紀の頃に刀禰の家の財産が質に入れられるような事態になったようで、そのときに作られた財産目録が残されています。それによりますと、船や網はもとより、刀・槍・鎧《よろい》などがたくさんあり、なによりも家具・什器《じゅうき》の豊富さは驚くほどで、朱塗りの盆や鉢、菓子盆、天目茶碗《てんもくちゃわん》(8)、染め付けの皿が何十枚もあり、それから白皿・青皿も出てくる。これはおそらく中国製の白磁・青磁に間違いないと思われます。それに、博多織とか筑前で焼かれた茶碗とかも並んでいる。この家の当時の財産の豊かさは、現在の漁村のイメージと遥かに遠いものがあるわけです。少なくとも中世、戦国期に入る頃に、大音家とこの浦が、このあたりで大きな力を持っていたことは、この事実によってはっきり知ることができるわけです。その頃の御賀尾浦が海を通して、つまり廻船《かいせん》(9)によって外の広い世界と結びついていたことは間違いのないことで、中国と直接結びついていたかどうかは別にしても、少なくとも九州とはかなり恒常的な交流があったことは間違いないと思います。

実は、こういう中国製の青磁・白磁は、日本海側の漁村や港町でいまもしばしば発見されるのです。私の知り合いで、越前の有名な港町の三国《みくに》湊(10)に住んでいる人が、掘り出し物を捜して古道具屋を歩き回ると、驚くほど優秀な中国製や朝鮮製の陶磁器を見つけることがあると言っておりましたが、それはやはり、この地域がかつて海を通じて中国や朝鮮半島とつながりがあったという事実を示していると思われます。そういったつながりを実際に担ったのは、現在では漁業にのみ従事している人々の先祖となる海の民であった。おそらく十五〜十六世紀には、そういう人々は船を操って廻船の業に携わっていたのだと考えられます。

普通、廻船と申しますと菱垣廻船《ひがきかいせん》(11)・樽廻船《たるかいせん》(12)というような江戸時代的イメージをお持ちになると思いますが、実際に廻船は平安時代の末頃からあったのです。それは、同じ一つの船が各地の湊を回って行くのではなく、おそらく中継地がいくつもあり、中継ぎをしながら日本全国を回っていたと思われます。いろいろな証拠から、そう言っても差し支えないと私は考えております。

そういうふうに、中世では海を通じての交流が活発だった。つまり海が、「島国」として外の世界から日本列島を隔てるだけでなく、逆に外の世界と日本列島を結びつける機能を持っていた。そのことをもう一度考えてみる必要があると思います。

これもよく引用される例ですが、もう一、二例挙げてみましょう。

いま事例に挙げました若狭の神子浦に、小浜[13]という有名な町があります。その小浜には、十五世紀頃にパレンバン[14]あたりから来たのではないかと推測されているのですが、亜烈進（アラジン）卿というアラビア風の称号を持った皇帝の派遣した船が、毎年着岸しているのです。一度、台風に遭って船が壊れたので、小浜で修理して翌年出航して行ったということまで記録に残っていますし、象とか孔雀、オウムなどを船載してきて日本国王に献上しています。これを当時は南蛮船といっていましたが、そういう船の動きを見ますと、日本列島から外へ出向いたばかりでなく、さまざまな船が各地から海を通じて日本列島へ来ていたのだと思われます。

またそれと関わりのあることだと思いますが、若狭の一宮、二宮（若狭彦神社、若狭姫神社）の禰宜《ねぎ》[15]の家に南北朝から室町にかけて作られた系図が伝わっており、その系図のなかに、応永頃[16]、つまり十五世紀の初め頃に死んだ人の没年が、「建文」[17]という中国年号で記されているのです。なぜこういうことがされたのか理由はわかりませんが、とにかく若狭の一宮、二宮の系図に出てくる禰宜の何代目かの人の没年が、中国年号で記されても不思議ではなかったような状況があったことを、この事例は物語っているわけです。

数限りなくと言ってもいいほど、こうした事例があるのです。ですから「島国」という事実を、日本列島の周辺からの孤立という側面からだけで考えるのではなく、海を通じて外の世界と結びついていた側面をわれわれは見つめ直してみる必要があるのではないかと思うのです。その場合、現在は漁民といわれている海の民が果たした役割は非常に大きかったことは当然で、先ほどの廻船にしてもこれを担っていた人々は、「海夫《かいふ》」とか「海人《かいじん》」といわれた海の民であったことは間違いありません。そう考えれば、海の民の研究がもっともっとなされてよいはずなのですが、実際はそうではない。漁業史・漁民史の研究がなかなか発達しないということは、これまでの通説的な考え方、つまり「島国日本は海によって周辺から隔てられてきたのだ」とする考え方と関わりがあるのだと言わざるを得ません。それゆえに、この考え方の一面性をもっと声を大にして言って、漁民史の必要性を強調しなくてはならないと考えているものですから、さまざまな機会に申し上げているわけです。

朝鮮半島・中国大陸との交流

このような問題をさらに続けて考えてみます。中国大陸・朝鮮半島との関係を中世を中心に取り上げる場合、必ず出てくるのが倭寇《わこう》です(18)。倭寇は普通海賊の一種と考えられており、朝鮮半島や中国大陸を襲撃し、人間あるいは米などを掠奪《りゃくだつ》してきたといわれています。この動きは鎌倉時代の初め頃か、もう少し遡って平安時代の末頃から始まり、特に室町・南北朝時代に一つの大きなピークがあり、その後戦国時代にまた大きなピークがあるとされています。しかし、この倭寇という現象は日本列島と中国大陸・朝鮮半島との間に起こる、いわば一種の異常な事態、非日常的な事態であることを考えてみなければなりません。

一般に文字に書かれた記録は、記すに足るべきこと、つまり異常な事態が主として記されます。私は日記をつけておりませんが、普通はなにか変わったことを書くわけでして、特に意識してそういうふうにしておられる方は別ですが、日常的で当たり前のことを書きはしない。このように記録・文献の性格を考えると、倭寇が中国大陸や朝鮮半島で動いていることの背景に、廻船と言えるほどの恒常的な交流があったかどうかは別にしても、基盤には双方の間にかなり日常的な海を通じた交流があったと考えてもよいのではないか。そうでなければ、倭寇のような現象は起こり得ないのではないかと思うわけなのです。

実際、『今昔《こんじゃく》物語』(19)などにも新羅(20)の時代に朝鮮に行った商人の話が出てきますので、そういう平和的で日常的な交流が現実にあり得ただろうと思うのです。最近の新聞に出ていましたが、朝鮮半島の新安《しんあん》沖に沈んだ十四世紀前半の船(21)は、焼き物などを満載し、京都の

「東福寺」(22)という寺との契約で日本列島に来るところだった、という記事が出ていました。これもまたよい例でしょう。

また非常におもしろい事例があります。あちこちで紹介したことなのですが、応仁の乱の頃、その当時は李氏朝鮮(23)の時代となりますが、朝鮮半島の国王にとっておめでたい、ある現象が起こるのです。記録には「観音現象」と書かれておりますが、この奇瑞が起こったとき、中国地方の大名である大内氏をはじめとして、西国の海辺の領主八十何人かの人々が、朝鮮国王に「おめでとう」という慶賀の遣いを出しているのです。東のほうでは日本海側の若狭や信濃の善光寺(24)からも遣いが行っているのです。つまり、互いに連絡を取り合ったのではないかと思われるのです。

このことはさまざまなことを考えさせてくれます。応仁の乱のときは、日本国王と呼ばれていた室町将軍の権威が最も低落した時期です。そうした時期に多くの海辺の領主が、朝鮮で起こった慶賀すべき現象を聞き、一斉に朝鮮国王へ慶賀の遣いを出す。この事実に対する考え方、評価はいろいろあるとは思います。私が名古屋大学で教えていたとき、いっしょに勉強していた、当時大学院の学生であった高橋公明さんは、この事実について、「この時期の朝鮮国王の権威と日本国王の権威とは、西日本の人々にとってはある意味では天秤にかけて計れるようなものだったのではないか(25)」と考えているようです。つまり日本国王の権威は相対的なものだったということです。それと同時に、観音現象という朝鮮国内で起こった事件の情報が、すぐに西日本に広くひろがっていったという事実は、朝鮮半島と日本列島との間のかなり恒常的な交流を前提にしないと理解できないのではないかと高橋さんも考えておられます。

同じような意味で、私は特に信濃の善光寺が遣いを出したということに非常に興味があるのです。中世には善光寺聖《ぜんこうじひじり》といわれた勧進上人《かんじんしょうにん》が活躍しています。勧進上人は、神社仏閣を建てるときに、多くの人々から銭などを集める勧進(26)のため、かなり広い範囲の地域を遍歴して歩く聖のことですが、善光寺にはこういう聖がたくさんいて、ずいぶん早くから西のほうへも行って勧進していたようです。瀬戸内海の港町、広島、尾道、鞆《とも》の浦（福山市）などには、たいてい善光寺様式の三尊仏(27)を安置したお寺があるので、善光寺聖は山陰・山陽を含めてかなり広い範囲を歩いていたようです。

これは善光寺聖かどうかわかりませんが、実際に戦国時代の頃、伊勢神宮の橋を造るために勧進をする十穀聖《じっこくひじり》（穀物を食べず修行する聖）が、壱岐(28)・対馬(29)まで渡っているという事例が史料にはっきり出てくるのです。とすると、信濃の善光寺が朝鮮国内の事件に対して敏感に反応しているということは、朝鮮半島と善光寺との間に、聖を媒介とした関わり合いがあったということも考えられるのではないでしょうか。まだ証明はできませんが、対馬まで行った聖がいるのであれば、朝鮮半島まで行った聖がいなかったとは言いきれないのではないかと、私には考えられるのです。

対馬から朝鮮半島まではわずか五〇キロの距離です。ご存じの方もおられると思いますが、実際に行ってみますと、つくづく対馬と朝鮮半島は近い。逆に日本列島と対馬は遠いのだと痛感します。玄海灘を越えるのはやはりたいへんで、以前行ったときは、博多から船で五時間くらい揉みくちゃにされ、船酔いしない人はほとんどいないといった状態でした。いまは飛行機で行けるので、昇ったと思うと三〇分くらいですぐ降りてしまい、最近行ったときはあまりの簡単さにびっくりしてしまいました。

晴天のときには、対馬から朝鮮半島がよく見えます。島民の話だと、島のいちばん北端にある自衛隊の優秀な望遠鏡を使うと、向こうの汽車の煙まで見えるということです。戦前には、対馬の人たちはハレ(30)の日の買い物をするのに、釜山(31)まで行っておられたそうです。対馬と朝鮮半島はそれほど近い。ですから先ほどの十穀聖が対馬まで出向いたことを考えると、朝鮮半島まで渡ったのではないかと考えても決して不自然とは言えないわけです。

「夷千島王《えぞちしまおう》」——北の交易

こうした海を通じての交流は、対馬と朝鮮半島に限ったことではありません。これもすでにあちこちで紹介した事例なのですが、同じく高橋さんが発見されたことで[32]、応仁の乱の頃、朝鮮側の記録に「夷千島王」という王様が朝鮮に遣いをよこしたという事例が出てくるのです。実は、この史料は昭和五〜六年に刊行された『大日本史料』[33]という本のなかにちゃんと収められているもので、中世の研究者であればたやすく見ることのできた記事だったのです。しかし、つい最近までそのことに気づいた人はいなかった。それは「夷千島」などに「王」が存在するはずがないと、誰もが思い込んでいたからだと思います。当時、学生であった高橋さんから「あなたも見ていたはずだ。なぜこんな大事な点に気づかなかったのか」とたいへん叱られまして、これにはもう、ただ頭を下げるほかなかったような次第でした。そのときつくづく人間の盲点とはおそろしいものだと考えさせられました。

この夷千島王が具体的にどういう人物なのか、といったことはまだよくわかっておりません。朝鮮の記録のなかには、僧侶らしい人を遣いに立てて朝鮮国王に大蔵経[34]が欲しいと申し出てきたとあります。昆布とか綾錦《あやにしき》[35]などの織物を献上しているのを見ると、まず間違いなく北海道方面の人物であったろうと推測がつくわけです。高橋さんは沿海州[36]とも関係がありそうだとも言っています。朝鮮国王側はどうも怪しげな人物だというので、当時朝鮮にいた日本人に尋ねたところ、その日本人もよくわからないと言うので、結局適当なものを与えて追い返してしまったということのようです。

いろいろ問題はありますが、この夷千島王が、北海道方面のある政治勢力を代表する人物であったことは、記事の全体を通じてだいたい認めても差し支えないと私には思われます。北海道史をやっておられる方々は、このことにショックを受けられて、最近盛んに夷千島王に関連した研究をなさっておられますので、今後いろいろとおもしろい結果が現れてくるのではないかと思われます。

北海道から東北北部にかけては、アイヌ文化になる前に擦文《さつもん》土器(37)を特徴とする擦文文化というものがありました。海保嶺夫さんは、この文化をバックにした安東（藤）氏(38)という鎌倉武士の流れを汲む人が夷千島王だったのではないかと言っておられます(39)。またアイヌといわれている人々のある集団が、こうした政治勢力をすでに持っていた可能性もまったくないわけではありません。ともあれ、いろいろ議論は出ていますが、少なくともはっきり申し上げられることは、十五〜十六世紀頃に東北北部から北海道にかけて、実態はともかく「王」と称し得る人物が存在していたという点なのです。それは邪馬台国《やまたいこく》の卑弥呼《ひみこ》が魏の国(40)に貢献したという『魏志《ぎし》』「倭人伝《わじんでん》」(41)の記事と、同程度の歴史的価値があると言えるでしょう。『魏志』「倭人伝」の邪馬台国に関する記載よりも簡単ではありますが、夷千島王は、外国の史料である朝鮮側の記録にはっきりと出てくるわけです。

邪馬台国の記事についてあれほど議論されているのですから、この夷千島王の朝鮮遣使の意味も日本全体の歴史を考えるために、もっと議論されなければならない問題であろうかと思います。こういったこともやはり海を通じての結びつきの事例であり、日本列島は決して「島国として孤立していたのではない」ということを、別の面から物語ってくれるものなのです。

また、同じ時代の南のほうへ目を向けてみますと、十五世紀頃の沖縄には、琉球王国が成立しています。琉球は交易によって成り立っている国であり、現在の琉球史の常識では、流球の船は遥か南方のマラッカ(42)にまで至る範囲の交易を行っていたといわれています。

このように、十五〜十六世紀頃までの日本列島は、むしろ外に向かって開かれていた世界であったという認識がまず必要であり、そういう認識を前提として日本全体の歴史を捉えていかなくてはいけないのではないか。つまり、日本列島が開かれた世界であった十五〜十六世紀頃までの時期と、鎖国の体制ができてしまった時期からの日本列島の社会とでは、非常に大きな違いがあったことを考えに入れておく必要があろうかと思います。いままで問題にしてきた事例は、この日本列島上に、日本という国、日本民族というものが、非常に古くから単一のものとして孤立的に存在したのだという考えからでは理解できないであろうし、またそういうような通念が支配的であったがゆえに、これらの事例が歴史家の目からも脱落し、欠落してきたのではないかと私は考えるわけです。

東日本と西日本の大きな相違点

同じく高橋氏の指摘することですが、十五世紀頃に日本の博多の商人で、琉球国王の遣使となり朝鮮に行っている人物が記録に出てきます。その商人は朝鮮国王からも官職をもらっているのですが、こういう人物にとって、いったい琉球・日本・朝鮮という現在われわれが考えているような国家とはどういうものであったのでしょうか。これは改めて考えてみるべき問題となりましょう。もちろん、すべての人々がこういう状態であったとは申せませんが、少なくとも当時はそういう問題を考え得る余地を充分に残した社会であったということを前提として、日本の歴史を理解する必要があろうかと思います。それはまた、日本列島主要部、本州・九州・四国についても言えるのではないかということで、〈東と西〉という問題を考え始めたわけです。

こういう視点に立つと、いろいろと疑問に思うことが出てきます。例えば、縄文文化は「島国的文化」であると考古学の概説書には出てきます。確かに考古学の研究分野から言えばそうなのかもしれません。しかし不思議なことに、縄文文化の範囲が現在の日本の国境とほぼ一致していることになっているのです。つまり、対馬までは縄文土器があって、朝鮮半島には入っていない。また、沖縄まではあっても台湾までは及んでいない。樺太（サハリン）はどうなのかわかりませんが、北海道は確実にその範囲である、と。そこを基盤にして、日本民族・日本文化というものが形成されたのであるということが、いままでの常識になっているのです。

私にはどうもこの説明には欠落しているものがあると思われてならないのです。それで、考古学者にいろいろと聞いてみたのですが、事実がそうだから仕方がないじゃないかとおっしゃる方が多いのです。しかし、先ほども申し上げたように、あれほど近い対馬と朝鮮半島の間でなぜ文化が切れたのか。われわれには国境という観念があるので、なんとなくそこで切れるのが自然であると考えがちなのですが、国境なんていうものは元来はなかった。ましてや縄文時代にあるはずがないのです。また、なぜ壱岐と対馬の間で、さらに済州島[43]と朝鮮半島の間で文化は切れなかったのか、といった疑問も起こってくるのです。

こういう疑問に対して、人類学や考古学の専門家はもうちょっと深い説明をする必要があるはずです。もちろん、この分野に関しては素人でありますからこれ以上のことは申せませんが、考古学に限らず、既成の観念に寄りかかった説明がいままでの日本史の分野には多すぎたのではないか。そこから離れて考えるべき問題はまだたくさんあるのではないか。例えば、この日本列島には現在の日本人の先祖が古くからいたといわれていますが、〈東日本〉と〈西日本〉とではその実態は大きく違っていたのではないか、ということもその一つであります。

このことについては、初めに申し上げました私の本のなかで書いてしまったことですが、いま一度触れておきたいと思います。もちろん〈東日本〉と〈西日本〉に分かれるだけでなく、そこには九州があり、東北があり、北陸があるので、その意味も考えなくてはなりません。さしあたり北海道と沖縄を除いた日本列島主要部の〈東と西〉のいろいろな面での違いを取り上げたいと思います。

まず歴史学以外の分野、方言・言語・社会学等の学問研究の成果を見てみますと、日本のいろいろな問題を取り上げる場合に、〈東日本〉と〈西日本〉とに分けて考えておられることが多いのです。方言の面で〈東と西〉の間には大きな違いがある。これはもう、東国方言、西国方言の違いとして有名なことですし、民俗の面でも、端的に言って〈東日本〉はタテ社会、〈西日本〉はヨコ社会と言える。これは厳密な言葉ではありませんが、民俗学の成果を見ているとだいたいそういうふうに説明できそうに思えます。例えば、「宮座《みやざ》」(44)というものが〈東日本〉にはほとんどないという現象や神社のあり方。家父長権(45)

は〈東〉に強くて、〈西〉のほうはずっと弱いとか、他にいろいろな事例を挙げることができます。

このように、現在のことを調べておられる学者によって〈東と西〉との大きな違いがいわれているわけですが、歴史をずっと遡りまして考古学の分野にも旧石器時代から〈東と西〉に違いがあり、弥生時代の前期には一時期にせよ東は縄文、西は弥生という時期が二百年くらい続いていたこともあるわけです。ところが、古墳時代、大和朝廷の統一といわれている時期から、考古学者の目がその問題からだんだん外れてくる傾向がある。そして古代史家も〈東と西〉の問題について実はあまり注目してこなかったと、私には思われるのです。律令国家が形成される時点から〈東と西〉の違いはほとんど問題にされなくなる。問題にされても「後進地域東国」という見方で処理されています。

ところが、九世紀に入って律令国家にガタがくると、すぐに〈東と西〉の違いがまた表面化してきます。律令国家が日本の社会に及ぼした影響は非常に大きなものがあるのですが、やはり外から移入してきた制度であったため、九世紀頃になるとたちまち地が見えてくる。それは、平将門《たいらのまさかど》の乱[46]、藤原純友《ふじわらすみとも》の乱[47]という形で現れてくるわけです。ここからは〈東と西〉の問題を考慮に入れないと、日本の歴史は理解できなくなってしまいます。東国のみならず東北にも自立国家のできる傾向はあったと思うのですが、十世紀から十二世紀にかけて、はっきりと東国国家と言ってもよい国家が確実に姿を現し始めたと、私は考えております。

その東国国家の先駆は将門の国家であり、その後を継承したのが頼朝の国家であると考えてよろしいのではないか。つまり東国の統治権を確実に掌握した国家が鎌倉幕府なのです。もちろん幕府と朝廷の間にもいろいろなつながりはありますが、近代以前の国家は国境がはっきりしていないのが普通ですから、いろいろと入り組んでいてもちっともおかしくない。その鎌倉幕府は鎌倉公方《かまくらくぼう》、[48]後に北条氏[49]に受け継がれる。ですから鎌倉・室町・戦国時代を通じて、日本列島には二つ以上の国家があったのだと考えるほうが事実に即していることになります。

こうした国家の背景には、この時代の土地制度や、あるいは社会制度の違いもあるわけでして、先ほどの民俗学者や社会学者が言われていることは、中世でもそのまま確認できるように思えるのです。

例えば、少なくとも戦前くらいまでの社会には、東のほうでは親分・子分の関係、大きな家にいくつかの小さな家が結びつくような形が目立っていたといわれています。また、西のほうでは、同じくらいの大きさのレベルの家が相互に集まって自治的な「座」という組織をつくり、それが「宮座」という形で神社を維持するような社会のあり方が支配的だということです。そういう民俗学者が明らかにしてきた現在の〈東と西〉の社会のあり方の違いは、中世に遡ってもあまり変わらない様相を示しているのです。

中世の武士団のあり方についてみると、東のほうでは惣領《そうりょう》(50)を中心にして、そこに庶子《しょし》たちが集まってタテの関係を軸とした強力な主従的武士団を構成する。ところが、西のほうでは一国の武士たちがお互いを傍輩《ほうばい》と言い合って、同じレベルの人間同士としてヨコに結びつく傾向が非常に強いと申し上げてよろしいと思うのです。また、系図などにつきましても、先ほどお話しした若狭の一宮、二宮の禰宜の系図を例にとると、これは女系の系図でありまして、三代か四代に及ぶ女性の系図を一貫して追いかけています。こうした特徴は西の系図によく見受けられるものです。それに対して、東のほうの系図も一応女性を記してはいます。鎌倉時代には全般的に女性の地位が高いので、女性も系図に載せられているのですが、東のほうでは一貫して女性を追いかけるということはまずないと思われますし、やはり惣領を中心とした武士団の系図という形になっています。

このように三、四百年、いや五、六百年以前の社会のあり方と、最近の日本の社会のあり方とが、その間にもちろんいろいろな変化はありますが、基本的な人と人との結びつき方の面では同じような特徴を示しているように思われます。つまり時代を超えて、〈東と西〉にこのような社会の構造上の違いがあるということになりますと、これはもう民族の違いと言ってもいいのではないか。私にはそう考えることも可能であると思わざるを得ないわけです。もちろんこれは極論であって、いろいろ疑問を持たれるところであろうとは思いますが、それほどに〈東と西〉の間には大きな違いがあるのだ、ということを強調しておきたいのです。

そのような視点で見ていきますと、いろいろなことに気づくのです。先ほどの本のなかでも紹介しておきましたが、東日本と西日本とでは、戦国時代は一里[51]の長さが違っていたと思われます。「枡《ます》」については各地でずいぶん違いがあることは有名なのですが、里制《りせい》についてもあったわけです。このことは戦前すでに相田二郎さんがみごとに論証しておられたのです。私も相田さんの本は何度も繰り返し読んでいながら、最近までそのことに気づきませんでした。どんな場合でも見方が固定していると、いろいろな盲点が出てくるものだと、つくづく思ったわけです。

相田さんによると[52]、少なくとも戦国時代のある時点まで、東日本は六町＝一里、西日本では三六町＝一里であった。そのため、「一里＝一銭」という交通上の負担があるのですが、東では「一里＝一銭」なのに、西のほうでは「一里＝六銭」になってくる。つまり基準の長さの単位が異なるのでそういう違いが出てくるわけです。それだけでなく、手紙の書き方、書状の様式なども〈東と西〉では異なり、それが後々まで続いています。こういった文化の違いは、後世まで〈東と西〉の文化の違いとして残っていくものと考えざるを得ません。

このように〈東と西〉の違いに目を向けていきますと、極論すれば、万が一ある外部的条件が整っていたならば、日本の〈東と西〉の社会はなにかの作用によって二つに分かれた民族になり、国家になってしまう可能性もあったのではないかとも思えてくる。そう考えざるを得ないほどの相違が〈東と西〉にはあったと思います。

これもまたすでに書いてしまったことですが、現在でも人々の動きを見てみますと、意外に〈東と西〉の交通は少ないようです。もっとも、現在はかなり違っているかもしれませんが。私の郷里は山梨県なのですが、〈東と西〉のことを考え始めましていろいろな人に尋ねてみたところ、ある中学校の集団就職では全員が京浜工業地帯を希望して行ったということを教えてくださった方がありました。こうした人の流れは意外におもしろいことを物語ってくれるようです。〈東と西〉の男女の結婚の比率が一〇パーセント以下であるとか、また、東に本籍を持ち西に居住地を持つ、もしくは逆の人が大正時代でそれぞれ二～三パーセントという数字がある。驚くべき数字です。大正時代ですら庶民の間でそうだったのです。

われわれが同じ日本人だと言い合ったり、「日本の国を愛せ」などということが最近また言われ始めていますが、この「日本人」とか「日本国」は中身の薄いものではないかと、最近つくづく考えているわけです。

天皇を巡る現在の問題

さて、ここで現在の問題に少し触れてみたいと思います。

実を申しますと、私は最近の状況にかなりの危機感を持っております。ご承知のように教科書問題が起こりまして、みなさま方もいろいろご関心をお持ちだろうと思いますが、この問題の取り上げ方のなかで私が最も不満に思い、いまでも気になっていることがあります。

それは、あの議論のなかで、「天皇」の問題がほとんど取り上げられていないということなのです。検定の問題が表に出たとき、「天皇の死」を「没」あるいは「亡くなる」と変えさせたということが、初めのうち少しは報道されていたのですが、その後はほとんど議論されなくなります。私がたいへん興味深く思うのは、「没」という語が敬語になるのかどうか。これは敬語になりはしないと思いますし、もし検定官がそれを敬語と考えたならば、むしろその見識のなさに驚かざるを得ないのですが、ともあれ意識的に「死」という語を避けさせたのだ、ということだけは、間違いないと思われます。現在つくられつつある教科書を、ある方から見せてもらいましたが、明らかに天皇に関しては「亡くなる」という表現になっていました。

この問題に対して、歴史家たち、もちろん私もそのなかの一人なのですが、その重要性の認識の感度が鈍くなっているのではないかと思うのです。つまり、天皇に対して敬語を使わせられたということ、「死」という普通の言葉以外の形で表現しなければならなくなってきたこと、これらは「崩御《ほうぎょ》」という語を使わせられる危険性が、あともう一歩のところに迫っているということになりはしないかと思うのです。天皇の死の敬語に「逝去」という語は使えない。敬語にもランクがあって、天皇については「崩御」という語にならざるを得ない、ということになります。また文部省（現・文部科学省）が言いそうなことは「崩御」という語は歴史用語ではないかということです。確かに、いままでの記録などでは天皇についてこの語が使われているので、それは歴史用語として見るべきである、だから死ではなく「崩御」にせよ、こういうように文部省が言い出す可能性は充分にある。ですから、死を「亡くなる」という敬語に変えさせられたという事実の重大さを、声を大にして言っておかないとたいへんなことになると思うのです。ひとたび敬語を使う強制に屈したら、なし崩しになることは目に見えています。

私が最も尊敬する中世史家に、佐藤進一先生がおられます。佐藤先生からはずいぶんいろいろ教えていただいたのですけれども、そのなかでもとりわけ腹に響いていることがあります。これは、このような教科書問題が起こってくるはるか前にあったことです。『看聞御記《かんもんぎょき》』という、伏見宮が書いた日記が中世にあります。最近、私の親しい友人である横井清さんが、『看聞御記』という本を出しました。これは、「そしえて」という出版社の出している日記・記録による日本歴史叢書の一冊です。このシリーズに私も一冊書くことになっているのですが、その叢書目録を佐藤先生がご覧になって、「ああ、横井君も『看聞御記』ですか……」とおっしゃるのです。とっさに私は、佐藤先生が何をおっしゃりたいのかわからなかったのですが、しばらくして思い当たりました。佐藤先生は、以前から決して『看聞御記』とは言いません。先生は『看聞日記』[53]としか言わなかったということを思い出しましたので、「あっ、そうでしたね。『看聞日記』……」と言いかけましたところ、「そうです、当然ですよ。それであなたは『花園天皇宸記《しんき》』なのですか?」と問われる。「そう言えば宸記というのも敬語でしたね」と申しますと、「当たり前ですよ」と、先生はおっしゃられた。そういうことがありまして『花園天皇日記』[54]という題名で書こうと思っているわけなのです。

問題はこれくらい厳しいものなので、私自身いかに鈍感だったかということをその時に痛感させられた次第です。佐藤先生は、戦争中に東京大学の国史学科が、皇国史観[55]の支配する研究室になっていた時代を経験しておられるので、そういった問題に対して非常に敏感で、厳しい姿勢を堅持しておられる。このことがよくわかりました。しかし、先生が『看聞日記』としか言わないのは、考えてみると当然なことなのです。というのは、日記の題名はいろいろな付け方をするのですが、『看聞御記』という題が、この日記の原本に付いていなかったことは確かなことなのです。「御記」というのは、誰かがどこかで付けた敬語であるわけですから、本人が付けるはずはない。いつから付け始めたのか私はまだ調べていませんが、『看聞日記』というのは学問的に決して差し支えない。むしろそのほうが学問的なのだと思います。御記と付けたのは、やはり天皇・皇族については敬語を付けるべきだという態度からきているので、それ自体一つの歴史の見方にほかならない。現在のような教科書問題が起こってきますと、『看聞日記』『花園天皇日記』という自由すら侵害される可能性も現実になりつつあるのですから、われわれが厳しい態度でこういう問題に対処していかないと、とんでもない方向に事態が進んでしまうのではないかと、いま切実に感じているわけなのです。

また同じような問題で、最近の浩宮（現・皇太子）の動きについて、いろいろと考えさせられることがあります。やや話が脱線気味になりますが、ちょっとお話ししておきたいと思います。

浩宮は私と同業でありまして、ご存じのように彼は歴史を勉強し、最近瀬戸内海の交通史について論文をまとめています。初めに申し上げましたように私も海のほうをやっているせいもあり、彼の調査した後を結果的には追いかけるようにして、瀬戸内海の荘園や尾道や草戸《くさど》千軒《せんげん》などの港町を数人の友人たちと歩いてみました。[56]その結果、これは本当に驚きました。彼の歩いた先々に記念碑が建っている。「浩宮御成記念碑」というのを、私たちはいくつも見出したわけです。例えば、ある荘園の跡に神社があります。いまはその村の方々がお参りするくらいで、外部の人はまずお参りに来ることはないような神社なのですが、しかし浩宮がそこに行ったということで、碑が建てられていました。こうなると、うっかりすると中世の水上交通の有名な土地のいたるところに記念碑が建つことになるかもしれません。これからも彼はあちこち調査して回るだろうと思いますが、その結果たるやおそるべし、と感じざるを得ないわけなのです。

また、これもなかなかおもしろい話だと思ったのですが、最近、浩宮は南米を訪問しました。そのとき向こうの学生から、「なぜ高度に成長した日本の資本主義国家に王様がいるのですか?」という質問を受けた。彼はなかなか見事にこれに対応して、「天皇のことを国民はシンボルだと思っているようですが、自分にもなぜこんなに長く続いているのかわかりません」と、真っ青になっているお付きの人々を構わず、こう爽やかに答えたと新聞紙上で報道されていました。確かに、天皇がこれまで続いてきた理由はわからないというのが正直な答えです。しかし、彼が歴史家であるならば、皇太孫という立場にいる歴史家である以上、なぜ天皇がこれほど長く続いたのかということを、全力を挙げて明らかにすべきでしょう。彼が本当の歴史家になろうとするならば、そうするのが義務だろうと私は考えております。それによって初めて彼は自らがなんであるかを知り得るでしょうが、その結果、彼がどのように去就を決するか私はたいへん見ものだと思います。

いま、ここでこのようなことを申し上げるのは、戦後、三笠宮（崇仁親王）、ヒゲをはやした人のオヤジさんのほうですが、私は彼と同じ教室で勉強したことがあったからです。彼は聴講生として、西洋史を勉強していて、いつも私たちの近くで講義を受けていました。その時分はお供の者は付いていず、一人で来ていました。昭和二二年から二四年にかけての頃でしたが、彼は学生大会にも出席していました。ストライキの決議をしたその学生大会で私は議長をしていたのですが、彼は最初から最後までずーっと熱心に聞いていました。確か聴講生にも投票権があったと思いますが、彼が投票したのかどうかそこまでは覚えておりません。その後、歴史教育協議会の主催した研究会があり、高野山で合宿が行われました。そのときも彼は警備も連れずに、一人で参加していたということです。その頃私は日本常民文化研究所に勤めていました。同僚の友人がこの合宿に加わって勤務先のことを話したとき、彼はジョウミンとジョウモンを聞き違えたらしく、「えっ！　縄文ですか？」と聞いたということです。彼はやはり天皇制の問題を念頭においてオリエントの専制君主制を研究テーマとしており、日本の原始・古代にも興味を持っていたのだと思います。

　そのような時代と比べますと、いまの時代はたいへん違ってきているようで、つくづく時代が変わってきているのだなと感じざるを得ないのです。皇族の扱い方がきわめて大きく変わってきているわけで、その点を見ても危機感を強くしているわけなのです。

　また、私の友人で、浩宮の授業をやっている人がいますが、彼の話によると、浩宮の授業のときは、終わりの時間をすごく気にしなければいけない。というのは、授業が終わるや否やすぐ車に乗せられて、全部青信号になった道を突っ走って東宮御所にまで帰るので、十分でも終わるのが遅れると再び交通信号を青にやり直さなくてはいけないのでたいへんなのだ、というのですね。これは本当だと思います。

　もう一つ、また別の話ですが、私が二、三年前に南米のペルーに行ったときのことです。ペルーには何万という日系移民の方々がいて、三世の若い人々はスペイン語しかしゃべれないような現況なのです。にもかかわらず、「天長節[57]」の集まりが、ペルーの日系人社会ではいまなお最も盛んなお祭りで、日本人が自らを日本人として相互に意識する大きな機会になっているということを聞きまして、たいへんに驚かされたことがあるのです。

こういう現在の日本のさまざまな状況を考え合わせますと、何度も繰り返し申し上げているように、「大和朝廷の統一以来、日本が一つの国家であった」、そういう考え方がいま述べてきた天皇観を知らないうちに支えてしまっていることを強調せざるを得ない。そのような危険性は大いにあるのです。その意味で、初めにお話し申し上げた内藤さんの発言は、現代に重い響きを持ってくるのだと思うわけです。

つまり日本民族とは、ある歴史的な経緯をもって形成されてきた集団である、という当然のこと、また、これも当然のことながら、日本国という国家も、歴史的な経緯をもって成立してきた国家であるということ、こういうことを、われわれはもっと突き放して事実に即して考えてみる必要があるのではないか。ですから、「大和朝廷の統一」といわれていることが、その経緯のなかでどの程度の意味を持っていたのか、ということについても、もっと綿密に正確に考えておく必要があると思います。

質疑応答

質問者1――いま、小学校で、六年生を担任しているのですが、子どもたちに歴史を教えていく場合、単純な一つの視点からではなく、いくつかの視点からも見るように、いろいろな試みをしているわけです。例えば、お金というものから見るとどうなるか、人口というものから見るとどうなるか、また江戸時代の徳川綱吉のやった「生類《しょうるい》憐《あわれ》みの令[58]」をいろんな角度から見させていくなどいろいろやってみて、その結果、子どもたちにそういった複数の視点から見ていくというような態度を身につけさせればそれでよいのではないかと自分では納得しているのです。

しかし、ただ教科書を見ていくと〈ムラ〉という言葉が最初に出てくるのですね。そして〈ムラ〉が大きくなったのが〈クニ〉だというふうになっているのです。それで、教える側に〈クニ〉というもののきちんとしたイメージがないと、うまく言えないのではないか。単純にムラを拡大したものがクニである、と言えるのかどうか。例えば、人数が少ないとか、地理的に小さいということでもって、これはクニではないムラであるとは言えないと思うわけです。では、あるところが「国」「国家」というときの最低条件というか、本質規定というのは何なのだろうか。そこのところを自分のなかでイメージしてはっきり思い浮かべることができれば、もっと違ったことが言えるのではないかと思うのです。

それで質問の第一は、小さいとか大きいとか、人数の多少とかでなく、「国家」といったときの、成立の条件、本質の規定というものは、どういうふうに捉えられるのか、それ

は何なのかということですが……。

これは、たいへん難しい基本的な問題なのですが……。

確かに、私は国家、国家と申し上げてしまったのですが、これについては社会科学者、歴史家をはじめ、ご承知のように大議論のあるところでして、簡単に申し上げられるようなことではありません。「国家」成立の条件、その本質規定は何かとおっしゃられますと、いままでの通説的な言葉をここで繰り返してもあまり意味はないと思いますし、ぴたりとうまく説明できるかどうかわかりませんが……。

私が先ほど東国国家、西国国家と申し上げましたとき、そこに「統治権」という言葉を使ってちょっと説明したと思うのですが、この統治権を教育の現場で生徒に説明するにはどういうふうにしたらよいか。私も、高等学校・大学では教えたことはあるのですが、小学校・中学校ではまったく無経験でして、どう説明したらよいかまったくわからないのですが、具体例に即して少し詳しくご説明してみたいと思います。

いままでの考え方だと、普通「国家」の成立には、二つの道があるといわれています。ごく簡単に申し上げますと、一つは、ある共同体内部で社会全体の発展に伴って、階級分化が起こってくる。例えば、奴隷所有者と奴隷、あるいは封建的支配者と農奴という分化が起こってくる。そして、そこに前者の、後者に対する支配の機構が必然的に形成されてくるというコースです。

もう一つは、共同体の首長は、本来は共同体の全員をいわば代表するような立場に立っていた。それが、次第に共同体の機能を一身に集中し、共同体成員を支配する権力者に転化していくというような道筋。これが他の一つの道であります。

前者のようなコースをとったのが、ギリシア、ローマやゲルマンの国家で、後者のタイプ、共同体の首長が支配者に転化する、つまり公共的な機能を持っているということから次第に支配者に転化してくるという道筋が、アジアの専制国家だといわれてきました。

ただ、ここに一つ、こういう問題があると思います。ご質問の答えにはならないかもしれませんが、よくご承知の歴史家・石母田正《いしもだしょう》さんが『日本の古代国家』(59)という本を、一〇年近く前にお出しになりました。石母田さんは、戦後の歴史学界をリードしてきた方なのですが、この本は、それまでの石母田さんの考え方とはずいぶん違った主張をなさった本だと思うのです。この本のなかで石母田さんは、私も以前から気になっていたことで、これからも考え続けたいと思っていることを言われているのです。

卑弥呼の時代のことを石母田さんは取り上げて、邪馬台国――これは厳密には、まだ「国家」と言うべきではないと思うのですが――、いくつかの共同体の首長を支配している卑弥呼の邪馬台国には、すでに国家の萌芽は現れている。邪馬台国には「一大率《いちだいそつ》」とか「大倭」とかいわれる役人のようなものがいたと『魏志』「倭人伝」に書かれているのですが、この大倭は市の監督をする、また一大率は、中国など外部との交易など、まだ外交とは言えないでしょうが、それを監督する役目である。つまり、石母田さんは、「境界領域」にまず国家の萌芽が生まれてくるのだというのです。

他の点では、他の共同体の首長と何ら変わりのない卑弥呼の邪馬台国が、他の〈クニ〉と異なる機関を持つのは、市や交易、外交に関してなので、このような境界領域にまず国家機構の萌芽が生まれると言っておられるのですね。

実は、いままで、こうした境界領域の問題は、見落とされ研究されてこなかった問題だと私も思うのです。こういった境界領域が、どのように押さえられているか、その押さえ方もいろいろあるのではないかと思うのです。多くの共同体自身の慣習のなかで境界の問題が処理されていくというケースもあると思いますが、日本の国家の場合は、まずここを、ある首長が押さえるところから、国家機構の萌芽が生まれてくるのは確かだと思います。これが「統治権」に収斂《しゅうれん》されてくると思います。

中世の場合、「統治権」の内容を具体的に言いますと、例えば裁判権、特に境界領域における訴訟を裁決できること、交通路や山野河海《さんやかかい》に対する支配などを挙げることができます。

頼朝の場合、そうした権限を東国については駆使していたと考えてよい。いちばんはっきりした例として、国と国との間の争い、これは相模(60)の国とか武蔵(61)の国とかいうときの国ですが、そういった国同士の間に起こった境相論《さかいそうろん》(62)を裁決する権限は、東国については頼朝が持っています。しかし、西国の国境の相論を裁決する権限は、天皇が持っているので、たとえ西国で起こった相論が、幕府に持ち込まれてきても、頼朝、鎌倉幕府は、これは天皇の裁断に待つべきであるとして、一貫してその訴訟を受けつけないわけです。また、交通路に対する権限は、関所の設定権に最もはっきり出てくるのですが、この権限は、東国では幕府が持ち、西国では天皇が持っているわけです。

こういう境界とか、交通路とかに関する問題について、世界史的に一般化したらどういうふうになるかということを、私もこれから本格的に考えなくてはならないと思いつつあるのが現状なのですが。

つまり、先ほど言いましたような、国家の成立に関する、これまでの常識のみでは処理のできない問題がここのところにどうもあるらしいという気がするわけです。しかも、日本の天皇の問題は、実はこういうところ全部に引っかかってくるのです。

いままでの国家論のなかで、天皇についてはまだ十分に論じられていないと言えます。天皇が、権力者、暴力的な権力者と規定できれば、ことは簡単であるのですけれども、実はそうではない要素を天皇は持っているのです。

共同体があり、その間の無人地帯つまり境界領域がある（図1）。模式的な表現になりますが、この境界領域は、ここなりの共同体相互の慣習によって規制されている領域、場所だと思うのです。そのうちに、こういう領域自体を生活の場として動く集団、実際そこで生活する人々も出てくるわけなのです。道を歩く、遍歴する職人集団とか、市にもっぱら集まるような集団、そういう集団は、中世の、少なくとも西国においては、何らかの形で天皇とつながりを持っている場合が多い。東国のほうは、幕府が関与することになりますが。

このような面の問題が、いままでの国家論のなかでどうも抜け落ちていたような気がするのです。これまでは領主間の一種の調停機能という言葉で処理されてきた問題なのですけれども、どうも、そんなに単純なものではない。それは、領主側から見た見方で、それとは違う独自の問題がそこにありそうな気がするわけです。他の民

図1

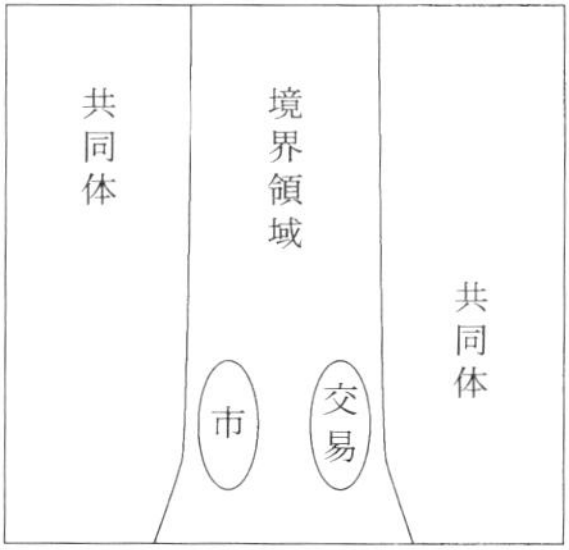

族では、こういう問題はどういう状態にあったのかということと、比較検討してみないといけないと思っているのですが。

いまご質問にあったような「国家とは何か、国とは何か」ということを本当に突きつめて考えていくには、おそらく先ほど申し上げたような、階級分化によって国家が成立してくる道、首長が転化する道という問題に加えて、三番目の道というわけでは決してありませんが、両者に関わる問題としてこういった要素を考えに入れないと、国家論は、世界全体の諸民族の国家を本質的に捉え、理解するだけのものにはならないのではないかと思っているわけなのです。

このご質問にはズバッと答え切れないところがありましてまことに申し訳ないのですが、私自身、まだ本当にわかっておりません。

だから、これを小学生や中学生に教えるのは、困難なことです。本当にわかっていれば、教えられると思うのですけれども。

ただ、いままで申し上げてきたことのなかに、日本の天皇の問題を解く一つの鍵、重要な鍵があることは確かではないかという考えは持っております。それを、私は最も不得手なのですが、もっと理論的な言葉で表現していかなければならないとは思っています。元来、私は具体的な事実を追究して、そのなかからいろいろ自分の胸に響くことを考えていくやり方が好きなもので、そういう理論化が、これからどの程度できるかどうかわかりませんが。

質問者2――いまの「統治権」というお話なのですが、統治と言った場合、一般にイメージするのは、猛烈にゴリゴリの権力があって、否応なく人々に言うことを聞かせた、という感じなのですが、しかし、そういうふうに言ってしまうとちょっとおかしいところも出てくるんですね。そこには逆に下のほうから慕い寄るというか、にじり寄っていくような構図がないと統治は成り立たないと思うのです。そこで天皇制に絡めて言うと、なぜ未だなお天皇ににじり寄るような構造があるのだろうかと。

これはつまり、人々がにじり寄るというのは、一見近代的な装いをこらしながら、その実、近代的自我というか、個の確立がなされていないせいではないか。心情的に見ると、未だアジア的専制国家と言ってもよい、そんな感じがするんです。例えば子どもたちに天皇というイメージを聞くと、テレビや新聞などで見て、あまり良いイメージを持っていない。ところが大人のほうには、何かこうにじり寄っていくような構造がありますね。こういう構造が、天皇制を長く支えてきたものではないかという気がします。

しかし、問題は、この長い歴史の間、本当にそうだったのだろうかという疑問もあります。確か近世の頃に、一時期天皇家も落ちぶれて、草ぼうぼうのところに住み、やっと家計を保っていたと聞いたことがあります。実際に、日本人がいつもそういうふうに天皇ににじり寄っていたのではないという事例があるとおもしろいのですが。

それは、例えば先ほど申し上げたように、中世にはかなりはっきり出ていたように思いますよ。東国国家と申し上げましたけれども、東のほうでは西と違う元号がたびたび出てくるのですね。

質問者2――いや、東のほうではなく、西国のほうなんかでは、どうなのでしょう。

それは、なかなか難しいですね。九州には異年号も出てきますが……。

ただ、ごく最近のことなのですが、現在の問題からちょっとお話ししてみますと、ある小さな場所で座談の席を持ったことがあるんです。そのとき、若い三〇代前半くらいの主婦の方からこういった言葉が出てきましてね。「いまの天皇（昭和天皇のこと）が死んだら怖い、次にいる皇太子（現・天皇）は、何だか頼りなくて、日本はまとまらなくなるのではないか」と言われるのですね。その女性の方は、本当にそう思っておられるような気がしたのですが、こういう感情は、いったいどういう根源を持っているのでしょうか。
また、私はいま短大で教えていますが、若い学生が天皇についてどのくらい知っているかなと思ってちょっと試してみたことがあるのです。そうしたところ、本当にまるで知らない、それには私も驚いたのですが。

古代の天皇の名を二、三と、中世の後鳥羽、後醍醐の名前をわずかに知っているだけで、ほとんどまったく知らないのです。小学校から高校にかけて、多少は教えられているはずですが、大学生でも、専門以外の人は、知識としては非常に貧弱になってきていますね。戦前に比べると、天皇に関する知識の分量が非常に少なくなっていますが、にもかかわらず、いまのご質問のなかでおっしゃったような、慕い寄ると言いますか、にじり寄ると言いますか、そういうものが依然としてあるような気がします。

例えば、これもまたごく最近あったことなのですが、たまたま名古屋のほうで阿部謹也さんと二人で一時間ばかり話したことがありました。その講演の席上で、先ほどのような話をして、「浩宮は、本当の歴史家であるならば、日本の天皇が、なぜこのように長く続いてきたのかを明らかにする義務がある」と私が言ったのです。そのときは一応笑い声が起こったのですが、その後に阿部さんが立たれて、「網野さんは、浩宮は天皇のことを明らかにせよ、なんて言われるけれど、いままで歴史家たちが百年もかかって一所懸命明らかにしようとしてわからなかったことを、まだ浩宮のような二〇歳そこそこの人に言ったって気の毒じゃないでしょうか」と言われたのですね。これは明らかに私の発言に対する反発であったと思えます。阿部さんは、政治に対してはきわめて淡白な方ですので、そうおっしゃったのだと思いますが。

話はちょっと飛びますが、現在、浩宮のところへ歴史家が続々と呼ばれて講義に行っているのです。幸い、私のところへは（講義の呼び出しが）来ませんが、著名な歴史家の永原慶二先生も「呼ばれちゃったよ」と言っておられました。しかし、私がこう言ったからといって、それは決してこうしたことを非難しているのではなく、ただ、こういう状況に歴史家が次々に立たされる事態になってきていることが、天皇の問題に対する鈍感さが広がる原因になっているのではないかと思うのです。

それから、たいへん露骨な言い方になりますけれども、現在の天皇も人間ですからいずれ死ぬわけですね。そのときに、代替りが起こります。その代替りがどういうふうに進んでいくのかということを、われわれはかなり注意して見ていく必要があると思うのです。

例えば、もう予定はできていると思うのですが、新聞などの表現の仕方、「亡くなった」と書くか「崩御」と書くか。

これは私の僻目《ひがめ》なのかもしれませんが、読売新聞あたりがあんな大きな天皇特集をするのを見ていると、遠からず起こるそういう事態を予定しての前景気なのではないかという気がしています。

それにまた、代替りの時、いまの皇太子は、それこそ日本の歴史始まって以来の珍しい条件の下で天皇の位につくわけです。相当の近さまでテレビカメラは行くに違いないし、大嘗祭《だいじょうさい》（第四章注（16）を参照）という天皇の一種の変身の儀式にしても、多少その気になって勉強すれば、詳しい知識が本から得られますしね。とにかくそういう満座の注視のなかで天皇となるのは、いまの皇太子が初めてであろうと思うのです。しかし、いずれ起こるこういった事態に対して、天皇に対するはっきりした意識と知識を持っていれば別ですが、先ほどのような「怖い」とおっしゃった女性の方が、どういう反応を示されるのだろうか。それがまた、今後日本の状況のなかで、どういう意味を持ってくるのだろうか。そのへんの測定をした上で、われわれ自身の対処の仕方を考えていかなくてはいけないと思います。

そこで、いまのご質問に戻りますけれども、こういう現状のなかで、日本の天皇をわれわれはどう位置づけたらよいのか、ということですね。いま、「にじり寄っていく」とおっしゃったような姿勢は、「アジア的」という言葉でも表現できると思うのですが、こういう規定をした上で、日本には近代がないのだと言って処理してしまうだけでは済まないと思います。

もちろん、この見方に一面の真実は含まれているとは思うのですけれども、しかし決してそれだけでは済まない。戦後の天皇制批判は、ずっとそういう考え方で進められてきたわけですね。そういう批判を必死にやってきたにもかかわらず、現在かくの如き事態が着々と進行している。そこのところに、現代のわれわれはどう切り込んだらよいのか。もちろん一人では到底できる問題ではなく、やはりそれぞれに自分自身のなかにある問題としてこの問題をお考えいただくということなしに先には進まないのではないか。具体的にはいろいろな面で天皇の存在を相対化し、突き放して見られるような状況をつくる必要がある。それだけは、はっきりしていると思います。

いまおっしゃったように、天皇が長い間、大和朝廷以来、ともあれ続いてきたことは事実だけれども、その間に先ほど申し上げたような東国国家の成立ということもありますし、また、安良城盛昭さんが、NHKの行った意識調査によって沖縄県民の天皇に対する関心が他県に比べてガタンと低くなっていると指摘しておられます(63)が、これも歴史的に見て当然のことだろうと思うのです。現実に、そういう側面もあることを歴史のなかの事実を通じて具体的に明らかにしていく、つまりはじめに申し上げたような民族とか国家というものを、相対化していくような努力をする必要があるのではないか、ということなのです。

先ほどのご質問のなかでございましたように、戦国時代に天皇の権威がたいへん落ちたことは事実ですが、でも、実にしぶといんですよ。「大嘗会《だいじょうえ》」ができなかったという事実があり、相当困っていたことは確かです。しかし、当時の天皇も、それなりに立て直しに懸命なんです。例えば、職人や商人に課税をする、先ほど申し上げたように、境界領域をもっぱら動いていたような人々に、最後まで何らかの形で課税する、というようなことをやっているのです。

江戸時代の天皇、公家の収入のなかでは、職人集団から入ってくる部分は案外比重が大きい。つまり、江戸時代の職人は官位をもらっていますが、公家は、それの取次役をして礼銭をとる。これは、ずいぶん事例があります。それから、いろいろな芸能を公家は身につけているのでそれを教えたり、芸能民と結びついて礼銭をとる、といったようなこともあるわけです。表面に出てくる皇室領とか天皇領とかは小さいのですけれども、それとは別のところから相当の収入を得ているのです。

戦国時代にも明らかにそういう動きがあるので、単純に天皇は困っていたのだというだけでは、実際に天皇の持っているしぶとさをわれわれ自身が十分認識したことにはならない。

戦後に、私自身も含めた歴史家たちの天皇制を批判してきたやり方の持っていた弱点があったわけです。そこから抜け出したい、脱皮したい、もう一つ進みたいというところに私自身の勉強の出発点もあったわけです。

いままでの仕事のなかで、私としては主観的にはでき得る限り、そうした民族、国家、天皇を相対化するための努力をやってきたつもりでいます。〈東と西〉ということもそうですし、「水田だけではおかしいのだ」と考えてきたこともそうですし、「境界領域と天皇の結びつき」を具体的にはっきりさせていく必要があると思ってやった仕事も同様です。また、これを逆の方向から見ていったのがはじめにご紹介いただきました奇妙な題の本『無縁・公界・楽』ですが、やはり同じ考え方に立ったつもりです。『無縁・公界・楽』のなかで私が考えたかったのは、こういうことなのです。日本の中世の場合でも、境界領域には必ず天皇や頼朝といった統治権者が関わってくるのです。しかし、本来それはどうだったのか。境界領域にはそれなりの論理や慣習があったのではないかということです。

これに関連してアフリカのおもしろい例を、川田順造さんが挙げておられます。朝日新聞に連載されたあと、新潮社から『サバンナの手帖』(64)という単行本になって出ていますが、そのなかで川田さんは、「アフリカでも、王様と市場は不可分である。ところが王様は市場には入れない。つまり、市場は王権とは異質で、絶えず王権を脅かすものとしてある。

市場は、本来そういう質を持っているのだ」ということを言っておられるのです。

この点については、私もまったく同感なので、別のやり方で、そこを一所懸命に考えたのがあの本でやった仕事だったわけです。

しかし、まだまだ、いまのところはこの辺くらいが精いっぱいでして、これまでの国家論とか天皇論とかと絡めて理論化しなくてはならないと思ってはいるのですが。

ですからいまの質問をなさった方は、実際に教育という現場で同じような問題、関心をお持ちになっておられるようですから、いろいろな実験をやっていただいて、そこを突き抜けていただきたいと思います。

また戦国時代では、天皇が消えるとすれば、いちばん消える可能性があった時期であったことは確かであると思います。けれども、そうならなかったということは事実としてやっぱり残るわけですし、そうならなかった面を全部極めつくしてしまわないと、本当の意味で天皇の影を完全に払拭することはできないように思います。

何度も繰り返しますが、その辺にできるだけ切り込んでみたいと主観的には考えています。

ご質問には、何も答えていないようで、たいへん申し訳ないのですが、多少敷衍《ふえん》して申しますと、こういうことになろうかと思います。

質問者3――漁村と被差別部落との関わりについてお尋ねしたいのですが……。

まず、一般論として申し上げますと、漁民のなかである種の差別を受けている集団は明らかにあります。常民文化研究所におられる河岡武春《かわおかたけはる》さんは、瀬戸内海の漁村と漁業について研究していらっしゃいますが、その研究によりますと(65)、これはまだまだ丹念に調べる必要があるわけなのですが、広島県の三原市(66)に能地《のうじ》というところがあり、専業の漁民、家船漁民は「能地のもの」といわれて、明らかに蔑視をこめた言い方で呼ばれています。

能地の漁民は質素な漁業、手繰り網や小網のような、小さな漁業をやりながら瀬戸内海一帯、つまり中国地方と四国と含めて、この海域全体に動いていて、移住者を各地に出していいます。それがなぜわかるのかといいますと、この人々は、人が死ぬと能地のお寺にだけ葬るのです。別の場所で亡くなっても、甕《かめ》に入れ、塩漬けにしてこのお寺に持ってくるのです。

彼らは家船に乗った水上生活者、一種の漂泊漁民の生活をしていますので、いろんな場所・浜に停泊し、そこに小屋掛けしてしばらく過ごしたりします。時にはそこで子どもを育て、住み着いたりする人もいて、瀬戸内海一帯に分村を出しています。しかし通婚は農村地帯との間にほとんどない状態にある漁民集団なのです。

それから、この能地の漁民は、一種の由緒書の巻物「浮鯛系図《うきたい》」を伝え持っていて、もちろん伝説なのですが、神功《じんぐう》皇后以来、どこで漁をしても構わない、という特権を与えられたといわれているのです。実際、彼らは、漁業権の争いなどあまりしないで、各地で漁業を行っているわけです。河岡さんの研究によると、こういうことになります。

しかし、こういったタイプの漁民は、中世の早い時期にはむしろ一般的であった、と言っていいくらいなのです。

例えば、中世の賀茂神社[67]の神人《じにん》（第四章注（25）参照）になったのは、大阪湾あたりの海民で、平安時代の後期ぐらいから瀬戸内海一帯を自由に漁をして歩いていたのです。これはむしろ、嵩《かさ》にかかった特権なのですが、これには確かな証拠があるのです。つまり、いろいろな特権を天皇から公認されていて、各地に供祭所[68]という根拠を持って、おそらく漁業だけではなくて、瀬戸内海の海運、水運を担っていたのだと思います。

漁村にそういう差別があるとすれば、おそらくは違う面からきているのではないかと思います。例えば、琵琶湖の北のほうに菅浦[69]というところがあります。現在は観光地で楽に行けるようになっていますが、戦争直後くらいまではまさに陸の孤島とも言えるところで、湖からすぐ山になっていて、そこの山裾あたりにべったりと集落がついていて、田んぼも何もそこにはなく、ずっと遠くのほうに舟で行かなくてはならないところに若干田んぼがあるだけなのです。そういう感じのところですから、いままでみな、漁「村」だと思っていたのですね。惣村の一種として扱われていました。事実、人口も停滞し、ほとんど発展していないところでして、江戸時代の初めから終わり頃まで人口も家もほとんど変わらず、その頃から陸の孤島になっていたようです。

けれども、ここは中世の頃は、おそらく「町」であったと思うのです(70)。その根拠は、いま詳しくは申し上げませんが、やはり廻船人の根拠地の「町」であったと思います。しかし、一般的にそうした「町」ができてきますと、後世の差別問題に連なるような集団も集まってくるわけです。

中世前期で非人と総称される集団がありまして、中世後期になると、そのなかからいろいろな集団が分化してきます。

例えば「陰陽師《おんみょうじ》」(71)といわれる集団があり、それが、千秋万歳《せんしゅうまんざい》という万歳をして廻る集団に、あるいは暦を売る集団になる、あるいは斃牛馬《へいぎゅうば》の皮革を扱う集団、葬式を扱う陰亡《おんぼう》という集団になったり、それも、独自の集団をなして分化していきます。関東のほうはまた少し様相が違いますが。

こういった中世の非人に対しては、近世以降のような、固定した差別はなかったのではないか、と私自身は考えていますが、この中世の非人の存在が、近世以降の差別の源流、かなり重要な源流になっていったのは、間違いないことと思います。

そこで、さっきの菅浦を見てみますと、江戸時代の文書に「院内」という小さな集団ができているのです。その院内というのは、陰陽師を指しているのは間違いなく、非人の集団のなかから分化してきたグループと考えていいわけです。現在の菅浦にはないと思うのですが、この院内という集団が江戸時代を通じて現在まで続いているとすると、おそらく差別問題が起こると思われる集団なのですね。町ができてくると、こういったいろいろな集団が住み着いてくるということがあって、そこに差別が起こり、現在まで続いているというようなことがあります。

被差別部落の研究は、七〇年代までは、五〇年代までの研究が、だいたいそのまま通用していたような状態だったのです。しかし、ご承知のようにいろいろな問題が起こったせいもあって、この頃の研究の進展は、ちょっと目を見張るような状態になっています。

中世の非人についても、それに関連して、いろいろな考え方があるのです。私なども、一つ二つ書いたのですが、いろんな方からご批判を受けて、まだまだ勉強しなくてはならないと思っているところです。

ここで、この差別の問題について、私が考えていることをちょっと申し上げてみたいと思います。

近世の差別の問題は、教科書的には、江戸幕府が意識的につくり出した制度だという説明がなされています。確かにそういう要素もあることは事実で、否定は絶対にできないとは思うのですが、しかし、それだけでできた制度では決してない。先ほどからの天皇の問題にもまた別の形で関わってきますが、やはり、差別をつくる要因が、社会自身のなかに存在したがゆえに、制度として幕府がつくり得たんだというところが、明らかにある。

それが、社会的に定着し始めるのは、つまり、社会的にそういう集団を差別する、あるいは、そういう集団が一種の集落を形成する、職能集団が集落を形成するのは、だいたい中世後期頃、室町時代からその傾向がはっきり見えてくるように思います。社会的には、少なくともその時期くらいから、差別が固定化してくるんじゃないか。それ以前の時代は、社会のある部分、支配層のなかには非人に対する差別がはっきり現れておりますし、庶民のなかにもあったと思いますが、制度的には非人は職人と同質の集団で、それだけを差別するような制度は、できていないと言えると私は思っています。

これには別のご意見もあって、中世の非人はやはり江戸時代の差別とは違うけれども、はっきり差別をされていたのだという考えを持っている方もおいでになります。

それを、「東と西」という、今日のテーマにも絡めて申しますと、東日本と西日本の差別のあり方、被差別部落のあり方を、もっと調べなくてはいけないと思うのですが、東と西とではかなり形態が違う。先ほど申し上げたような「町」あるいは「都市」に結びついた被差別部落は、東にもあり、中世の鎌倉には非人が導入されて京都と同じようなあり方ができてきますし、東国にできた都市に結びついて生まれた差別は、西国のほうから導入された傾向がかなりあるような気がするわけです。

ただ、統計によると、西日本と東日本とでは、被差別部落の人口は、格段に違うことは確かなようです。ただし、この統計はかなり問題を含んでいるので、十分に資料批判をする必要があるのですが、ただ、東のほうで多少とび抜けて多い県が、昔の国名で言うと、武蔵《むさし》、上野《こうずけ》(72)、信濃《しなの》(73)なんですね。信濃は善光寺や諏訪社がありますので、そこからいろいろ考えていくことができますが、じゃあ、なぜ武蔵と上野に多いのかということについては、現在、まだ分析されていない、これは、安良城さんに教えてもらったことです。

もし、今ここにおられるみなさんが、東の方が多いとすれば、西の方とお話しになると、この点についての原体験のようなものは、まるで違うのではないかと思います。これは、横井清さんとお話ししていて、本当にそう思いました。

私自身について言えば、被差別部落に関する経験は、身近で具体的なものは子どもの頃はゼロでした。ただ、親や大人たちの口から、そういった言葉は聞いて知っていましたし、島崎藤村の『破戒』[74]などの知識は持っていましたが、どういうことか身体ではまったく知らないまま過ごしてきまして、大学のときに京都近辺のある被差別部落に古文書の採訪に連れていかれまして、そのときに初めて、本当に初めて認識したというのが実情なのです。

ところが、横井さんとお話しをしていると、あるいは大阪あたりの方とでもそうなのですが、ほんの小さな子どものときから、日常的な問題として意識しているとおっしゃるのです。

ですから、被差別部落の問題についていろいろな対立がありますけれど、この問題は、東と西、またそれぞれの地域ごとにたいへんな違いがあるので、それを充分に考慮に入れないといけないわけです。東の運動のタイプを西に持ち込んでも、逆に、西の運動のタイプを東に持ち込んでも、絶対に駄目だと思うのです。

それぞれの地域に即して、充分に考えた上で、具体的なあり方を洗い出して対処していかないと、問題を解決することはなかなか難しいと思います。この問題も、先ほどからの天皇制の問題と、その本質において関連する問題の一つと思います。

それでまた最後に漁民に戻りまして申しますと、漁民についての差別の例は、能地以外にもあると思いますが、いわゆる被差別部落の差別のされ方とはおそらく違う要因と、違う差別のされ方をしている場合が多いと思います。少なくとも制度的には異なっていると思うので、明らかに蔑視があり、通婚しないという事実があっても、それがいわゆる「穢多・非人」に対する差別と同じなのかどうかは、個々の場合について考えてみる必要があると思います。

質問者4――『東と西の語る日本の歴史』のなかに、東国の将門の国家は、暦日博士[75]のみは置けなかったとありますが、なぜそれほど「暦」というものが重要な意味を持っていたのでしょうか。

ヨーロッパの場合は、ちょっと意味が違う面もあるかもしれませんが、古代、特に中国の場合、「暦」は、天の動きであるわけで、現在ならば時間ということになりますが、それを掌握できるのは皇帝だけなのですね。

アフリカなんかでも、やはり王様の代替りごとに、暦が変わるのだそうですね。先ほどの川田順造さんのお話によると、時間を支配するということは、統治権と絡めて言えば、やはり、そのたいへん重要な要素になってくるのだと思います。将門が、非常に怖気づいて暦日博士を置けなかった、「ただ暦日博士のみは狐疑して置かず」と『将門記』[76]の中にはっきりと出てきますが、暦を独自に作るということは完全に天皇から外れることになる。

つまり、まったく違う時間を自ら支配することになってくるので、怖くてできなかったのじゃないか、と思うのです。

しかし、時代が下りますと、東国はもちろん、東北のほうにも暦が出てきます。東国の三島暦[77]とか、のちの東北の会津暦[78]などがそうです。

中世に入ってからのことですが、ときどき西国の暦と東国の暦がずれたものが出てきます。暦には、大の月とか小の月とか当然あるのですけれども、一方が大の月なのに片方は小の月で、一日か二日ずれてしまう。という現象が起こってきます。暦を作る陰陽師が違った人であったためにそういうふうにずれてくるのですが、暦がずれるという現象は、統治する側にとっては、非常にまずいことになります。これは統治のしようがないわけですから。簡単に申し上げますと、暦についてはそういう例がありますね。

それから、先ほどの川田順造さんのアフリカのお話で、王様が死ぬと暦が変わると申し上げましたが、このとき、市場も大混乱に陥るのだそうです。何をとっても構わないということになってしまうらしいのです。そこで暦が変わるのだと説明しておられるのですが、これは、日本史の「徳政[79]」の問題に関わってくる。非常によく似ているなという感じがします。もちろん日本とはかなりその形態は違っているかもしれませんが、よく似ていますね。

これも不思議なことなのですが、あの折口信夫さんが、そういうふうなことを書いておられるのです。つまり、昔は、天皇は、その代ごとに暦を持っていて、その暦が変わるときにすべてのものは「商返《あきかえ》し」というので、元の所有者に戻ってしまう、ということを言っておられるのです。[80] 折口さんは、非常に鋭い勘をお持ちだったので、いろんなふうにものすごいことをおっしゃっているのですが、しかし、具体的には何を根拠にしておられるのかわからないところがありましてね。最近、笠松宏至さんの『徳政令《とくせいれい》』[81]や勝俣鎮夫さんの『一揆』[82]が出ています。これは非常におもしろい本なので、ご参照いただきたいと思います。

ですから、暦を独自に持てるかどうかというのは、つまり、時間を支配できるかどうかということで、アジア型、中国型の国家の場合、その統治に関わる重要な要因である、ということは言えるのではないかと思います。

司会――今回は一応ここまでにしたいと思います。次回、数ヶ月後くらいになろうかと思いますが、網野先生にぜひもう一度ご講演をお願いできたらと思っております。

今度は、私たちの希望といたしましては、はじめて読みましたときに非常に強い衝撃を受け、今回の講演をお願いするきっかけにもなりました『無縁・公界・楽』を中心にお話し願えたらと思っております。

その際、今回のような形式をとるか、あるいは予め質問事項をまとめ、それを中心にお話ししていただくかはまだ決めておりませんが、網野先生を囲んでの集まりを、もう一度持ちたいと思います。本当に本日は、長時間にわたって、充実したお話を、どうもありがとうございました。

註

（1）**日本常民文化研究所**　一九二五（大正一四）年渋沢敬三により設立された、民具・民俗資料の収集・研究、漁業・水産史の研究を中心とした民間研究所。初めアチック・ミューゼアム（屋根裏博物館）と名づけられたが、四二（昭和一七）年、日本常民文化研究所と改称された。研究所は八二年神奈川大学に移譲され、神奈川大学日本常民文化研究所となった。

（2）**自由放埓**　勝手気ままにふるまうこと。決まりやしきたりに従わないこと。

（3）**自由狼藉**　無法な態度や行為をすること。

（4）**南北朝の内乱**　一三三〇年代から六〇年にわたる南北両朝の対立を軸とした全国的戦乱。

内乱の過程で、惣村の形成による農民層の自立化、国人層の自立化、守護領国の形成が進展するとともに、天皇を頂点とする旧来の権威の失墜、荘園公領制の変質・崩壊が進行した。

（5）**民具**　人々が生活の必要から製作・使用してきた伝統的な器具・造形物の総称。

（6）**神子浦**　福井県三方町（現・若狭町）。常神半島の西側に位置する。地名の由来は、中世の倉見荘に属し御賀尾浦と称していたことによる。鎌倉末期以降は大音氏が支配した。大音家には多くの中世文書が伝わり、漁業関係史料として注目される。

（7）**刀禰**　中世、港湾の問屋または浦役人の一種。または、荘園を管理する荘官の一。

（8）**天目茶碗**（中国浙江省天目山の寺院で使用していたのを五山の僧などが持ち帰って賞したところからいう）茶の湯に用いる、浅く開いたすり鉢形の茶碗。また、すり鉢形をした茶碗の総称。

（9）**廻船**　本来、各地を回漕・回遊する船という意味だが、鎌倉時代には、商人が乗り込んだ行商船を指すようになった。さらに拡大されて商品の遠隔地への輸送船、つまり商船と同義に用いられるようになった。近世には、廻船はローカルな小廻し船に対しては大廻し船を意味し、地船に対しては渡海船ともいい、二百石積以上の廻船を称した。また船舶技術史の上では、江戸時代になって、寛永年間（一六二四〜四四年）の鎖国以後、沿岸航路を航行する船として台頭してきた弁才型の船を指す。

（10）**三国湊**　福井県三国町（現・坂井市）。九頭竜川河口右岸の河港。古代より中央に知られた嶺北第一の港。

（11）**菱垣廻船**　江戸時代に樽廻船とともに江戸〜大坂間の海運の主力となり、木綿、油、酒、酢、醬油その他江戸の必要とする日用品を輸送した菱垣廻船問屋仕立ての廻船。
(12) **樽廻船** 江戸時代、灘・伊丹などの上方から江戸へ積み出される酒樽(四斗樽)をおもな積荷として、大坂・西宮から樽廻船問屋によって仕立てられた廻船。
(13) **小浜** 福井県小浜市。小浜平野に位置し、北は若狭湾に面する。
(14) **パレンバン** インドネシアのスマトラ島南東部に位置する南スマトラ州の州都。スマトラ第二の都市。
(15) **禰宜** 伊勢神宮以下、各神社に奉仕した神職。ふつう神主の下、祝《はふり》の上に位した。また一般に、神職の総称としても用いられる。
(16) **応永頃** 一三九四〜一四二八年。
(17) **建文** 中国、明の時代の年号。一三九九〜一四〇二年。
(18) **倭寇** 朝鮮半島、中国大陸の沿岸や内陸および南洋方面の海域で行動した日本人を含めた海賊的集団に対する朝鮮・中国での呼称。十四世紀から十五世紀の倭寇を前期倭寇、十六世紀の倭寇を後期倭寇と呼んで区分する。
(19) **今昔物語** 天竺(インド)・震旦(中国)・本朝(日本)の一〇五九話を収録する説話集。編者未詳。十二世紀初頭に成立。三十一巻。
(20) **新羅** 古代朝鮮の王国名。四世紀中頃、朝鮮半島南東部、辰韓十二国を斯盧《しろ》国が統一して建国。七世紀後半、唐と結んで百済・高句麗を滅ぼし、六六八年、朝鮮全土最初の統一国家となった。都は慶州。律令や仏教文化など大陸の制度・文物を移入し、中央集権的統治を行ったが、九三五年、高麗の王建に滅ぼされた。しんら。

（21）**十四世紀前半の船**　韓国全羅南道新安沖の海中から一九七六年に発見された沈没船。積荷より一三二三年に元の慶元（寧波）から博多へ向かう東福寺造営料唐船であったと推定される。

（22）**東福寺**　京都市東山区にある臨済宗東福寺派の本山。一二三六年、九条道家が創建。山号は恵日山。開山は円爾弁円（聖一国師）。京都五山の一つ。

（23）**李氏朝鮮**　朝鮮の最後の統一王朝。一三九二年、太祖李成桂が高麗を滅ぼして建国。漢城（ソウル）を首都とし、朝鮮半島全土を領有。十六世紀末から豊臣秀吉の大軍の侵入を受け、十七世紀には清に服属。日・清の対立後の一八九七年に国号を大韓帝国と改称。日露戦争後日本の保護国となり、一九一〇年、日本に併合されて滅んだ。

（24）**善光寺**　長野市元善町にある寺。単立宗教法人で、現在は、天台宗大本山の大勧進（僧寺）、浄土宗大本山大本願（尼寺）と一山寺院三十九ヶ寺によって管理運営され、大勧進住職と大本願住職がともに善光寺住職を兼務する。山号は定額山。「信濃の善光寺」の名で親しまれ、全国から宗派の別を超えて参詣者が集まる阿弥陀信仰の霊場。

（25）高橋公明「外交儀礼よりみた室町時代の日朝関係」（『史学雑誌』九一編第八号、一九八二年）。

（26）**勧進**　衆庶を教化救済することを目的とする宗教活動の意と、社寺や橋梁などの造営・修復のために衆庶より広く資財を集めることを目的とする募資活動の意がある。狭義には後者を指す。特に中世の戦乱による寺社の炎上や寺社領の衰退のため、勧進聖や御師たちが諸国をまわり、勧進帳を読み上げて、たとえ一紙半銭といえども喜捨すれば神仏の加護を得ると説き、結縁を勧めて資財を集め、社寺の復興に努めた。

（27）**三尊仏**　仏語。寺院などでまつる中心となる仏で、本尊とその左右にひかえる二脇侍の菩薩のこと。

（28）**壱岐**　長崎県東松浦半島の北北西約二六キロの海上にある島。もと西海道十一ヶ国の一つ。対馬とともに中国、朝鮮と日本を結ぶ交通の要。

（29）**対馬**　長崎県北部、対馬海峡の東水道と西水道との間にある島。西海道十一ヶ国の一つ。早くから大陸との交通・軍事上の要地として開け、鎌倉中期から宗氏が支配し、室町・江戸時代を通じて朝鮮貿易の特権をにぎる。

（30）**ハレ**　ハレ（晴）は、日常的な普通の生活や状況を指すケに対して、あらたまった特別な状態、公的なあるいはめでたい状況を指す言葉。日本の伝統的生活のなかには、ハレ着、ハレの日、ハレの門出、ハレの場など、このような特別な状態を表現する様式が発達している。

（31）**釜山**　朝鮮半島南東端の港湾都市。貿易港で漁業の基地。古来日本と朝鮮との間の交通の要地。

（32）高橋公明「夷千島王遐叉の朝鮮遣使について」（『年報中世史研究』六号、一九八一年）。

（33）**『大日本史料』**　東京大学史料編纂所が編纂出版している日本史の編年史料。六国史の後をうけて、八八七（仁和三）年から明治維新の一八六七（慶応三）年までの諸事件を年月日順に史料を掲げ、その要綱をまとめて掲載する形式で編纂。一九〇一（明治三四）年以降既刊分は三百を超える。

（34）**大蔵経**　仏教聖典を総集したもの。「一切経」「三蔵」とも呼ぶ。日本では中国の漢訳仏教を摂取したので、近代にいたるまで漢文の大蔵経を継承してきた。

（35）**綾錦**　綾と錦。または、美しい衣装や贅沢な衣服。

（36）**沿海州**　ロシア連邦のシベリア東南部を占め、日本海に面する地域。地下資源に富み、製材業が盛ん。中心都市はウラジオストク。

（37）**擦文土器**　北海道で使用された最後の土器。製法・器形に東北地方の土師器の影響が強くみられる。器面内外に木製の篦《へら》状工具による擦痕、あるいは刷毛目《はけめ》痕がつけられているところから、この名称がある。使用年代幅については、八世紀または九世紀から十三世紀まで、あるいは十七世紀初頭までなどの諸説がある。

（38）**安東氏**　中世北奥羽の豪族。鎌倉・南北朝期には安藤と記す。安倍貞任の子高星の後裔と伝える。鎌倉時代には北条氏の被官となり、津軽鼻和郡などの代官を務めた。また蝦夷管領の代官として「蝦夷沙汰」を行った。鎌倉後期、幕府からの追討を受けたが屈服するに至らなかった（安東氏の乱）。

（39）海保嶺夫「擦文文化の文献史的解釈」（『物質文化』三八号、一九八二年）、海保嶺夫『近世蝦夷地成立史の研究』（三一書房、一九八四年）。

（40）**魏の国**　三国の一。曹操が華北を統一し、その子の曹丕が二二〇年に建国。首都は洛陽。蜀・呉とともに天下を三分したが、二六五年、元帝は晋の武帝に禅譲。曹魏。

（41）**『魏志』「倭人伝」**　中国の史書『三国志』の「魏書東夷伝」の倭人の条の俗称で、撰者は晋の陳寿。三世紀の後半に成立。本書に書かれている倭の記事は、二〜三世紀の時代に相当し、当時の日本および日本人の生活ぶりを知るのに重要な史料として位置づけられている。

(42) **マラッカ** マレーシア南西部、マラッカ海峡に面する港湾都市。十五世紀初めマラッカ王国が建設されて以来、国際貿易港として繁栄。一五一一年にポルトガル領、のちオランダ領を経てイギリス領となった。

(43) **済州島** 朝鮮半島の南西にある火山島で、韓国最大の島。

(44) **宮座** 中世以降の村落において村の鎮守神の祭祀を行うための組織。主に近畿以西の村落で発達し、座衆は村内の特権的階層で構成され、村政の運営主体でもあった。

(45) **家父長権** 家族制度において、家長が持つ、家族の統制のための支配権。旧民法の戸主権はこの一形態。

(46) **平将門の乱** 十世紀前半平将門が関東地方で起こした反乱。将門は承平五(九三五)年、一族の内紛から反乱を起こし、天慶二(九三九)年には常陸・下野・上野の国府を攻略して関東の大半を支配下にいれたが、翌年、平貞盛らに攻められ敗死した。

(47) **藤原純友の乱** 十世紀前半、藤原純友が西国で起こした反乱。純友は九三九年に瀬戸内海の海賊を率いて蜂起し、伊予・讃岐の国府や大宰府を襲撃したが、九四一年に鎮圧された。

(48) **鎌倉公方** 室町幕府の職名。関東公方ともいい、関東を管轄した鎌倉府の長。初め足利尊氏の嫡子義詮が鎌倉に着任し統治していたが、一三四九(正平四・貞和五)年義詮の弟基氏が、いわゆる鎌倉公方に就任し、以後その子孫(氏満、満兼、持氏、成氏)がこの職を世襲した。独立性が強く、しばしば将軍と対立。永享の乱で持氏が滅ぼされた後、成氏の古河公方と政知の堀越公方に分かれた。

（49）**北条氏（後北条氏）**　関東の戦国大名。鎌倉期の北条氏に対して俗に後北条氏ともいう。室町幕府の政所執事伊勢氏の一族で、初め伊勢氏を称す。初代長氏（北条早雲）が伊豆を奪取して戦国大名として自立。二代氏綱から北条氏と改姓、小田原城を本拠として、三代氏康、四代氏政と領国を拡大して関東の大半を支配したが、五代氏直が豊臣秀吉への服属を拒否したため、一五九〇年に滅ぼされた。

（50）**惣領・庶子**　鎌倉時代には、一族の全所領の総括者の意味と、家の継承者たる家督の意味とをあわせて、武士＝領主階級の血縁集団たる一族・一門・一家の統括者を惣領といい、一族の他の構成員は庶子と呼んだ。

（51）**一里**　尺貫法の距離の単位。一里は三六町で、三・九二七キロ。令制では三〇〇歩をいい、六町すなわち六五四メートルにあたる。

（52）相田二郎『中世の関所』（畝傍書房、一九四三年）。

（53）**『看聞日記』**　室町時代、伏見宮貞成親王（一三七二～一四五六年）の日記。応永二三～文安五（一四一六～四八）年の日記四十一巻と応永一五（一四〇八）年の御幸記一巻、別記一巻、目録一巻の計四十四巻。当時の宮廷・幕府・世俗の出来事などを記す。

（54）**『花園天皇日記』**　花園天皇（一二九七～一三四八年）、在位（一三〇八～一八年）の日記。延慶三（一三一〇）年十月から元弘二（一三三二）年まで、断続的ながら記されている。自筆本が伏見宮家に伝存されてきたが、宮内庁書陵部に移管されたのち、三十五巻の巻子本に整理された。

（55）**皇国史観**　日本の歴史を、万世一系の天皇を中心とする国体の発展・展開と捉える歴史観。日中戦争・第二次世界大戦期に支配的となった。

（56）網野善彦『日本社会再考――海からみた列島文化』（小学館、二〇〇四年）。

（57）**天長節**　天皇の誕生日を祝った祝日。その起源は中国の唐代に遡る。日本では七七五（宝亀六）年光仁天皇が詔して、自らの誕生日を祝したという記録がある。一八六八（明治元）年古代の例に倣って復活し、一八七三年紀元節とともに国家の祝日となった。第二次世界大戦後は「天皇誕生日」と改称された。

（58）**生類憐みの令**　江戸幕府五代将軍徳川綱吉がその治世（一六八〇～一七〇九年）中に下した動物愛護を主旨とする法令の総称。一六八二（天和二）年犬の虐殺者を死刑に処したのに始まり、八五（貞享二）年馬の愛護令を発して以来、法令が頻発された。綱吉の意図は社会に仁愛の精神を養うことにあったが、愛護の対象は犬馬牛に限らずその他の鳥獣にも及んだ。

（59）石母田正『日本の古代国家』（岩波書店、一九七一年）、石母田正『日本古代国家論』第一部、第二部（岩波書店、一九七三年）。

（60）**相模**　旧国名の一。いまの神奈川県の大部分に相当する。相州。

（61）**武蔵**　旧国名の一。東海道に属し、現在の東京都と埼玉県のほぼ全域に神奈川県の東部を含めた地域。武州《ぶしゅう》。

る紛争。

（62）**境相論**　中世の成立期から顕著になり、近世初頭まで繰り返された所領などの境界をめぐる紛争。

（63）安良城盛昭『新・沖縄史論』（沖縄タイムス社、一九八〇年）、安良城盛昭「沖縄の地域的特質――日本相対化の歴史的必然性を中心に」（『現代と思想』三三号、一九七八年）、安良城盛昭「琉球・沖縄と天皇・《天皇制》」（『琉球・沖縄――その歴史と日本史像』雄山閣、一九八七年）。

（64）川田順造『サバンナの手帖』（新潮社、一九八一年／講談社学術文庫、一九九五年）。

（65）河岡武春「能地漁民の展開」（『民間伝承』十五〈十二〉、一九五一年／『日本民俗文化資料集成』第三巻、三一書房、一九九二年）、河岡武春「海の人――能地漁民のはなし」（『日本文化風土記』第六巻、河出書房、一九五五年）。

（66）**三原市**　広島県南東部、瀬戸内海に注ぐ沼田川のデルタにある工業都市。

（67）**賀茂神社（賀茂御祖《みおや》神社）**　京都市左京区下鴨泉川町にある神社。旧官幣大社。賀茂別雷命《わけいかずちのみこと》の母の、玉依媛命《たまよりひめ》、外祖父の賀茂建角身命《たけつのみ》を祀る。天武天皇六（六七八）年、賀茂別雷神社とともに創建。東本殿、西本殿は文久三（一八六三）年の改築で、ともに国宝。例祭の賀茂祭（葵祭）は有名。山城国一の宮。下鴨神社。下社。

（68）**供祭所**　神社などで、神饌を調理する所。御供所。

（69）**菅浦**　滋賀県伊香郡西浅井町（現・長浜市）菅浦にあった荘園。菅浦は琵琶湖の北岸南へ突き出た半島にあり、湖水に面した南を除き、三方を山に囲まれたところである。もと寺門円満院領大浦荘の一部であったが、当地住民が竹生島に寄進した結果、その本寺山門檀那院領となった。平安時代末の菅浦供御人の成立によって朝廷に供御を備進するに及び、諸国の関、渡、津、泊などを自由に通行する権利を獲得し、諸浦との競争のなかで琵琶湖上での漁業、廻船などを有利に進めるに至った。さらに鎌倉時代末から荘境の日差・諸河の耕地をめぐって大浦荘と激しい相論を展開するが、このような外部との複雑な支配・領有関係が村落内部の結束を固めさせていった。例えば一四六一(寛正二)年の置文に代表されるような、乙名を中心とした「惣」組織がみられるようになる。しかし戦国大名浅井氏の登場により、永禄年間(一五五八〜七〇年)には菅浦荘としてその支配に屈し、誓約状を提出、近世的領有に組み込まれていった。

(70) 網野善彦「中世の堅田について」(『年報中世史研究』六号、一九八一年)、網野善彦「日本中世都市をめぐる若干の問題——近江国高島郡船木北浜を中心に」(『年報中世史研究』七号、一九八二年)。

(71) **陰陽師** 大宝令の制で陰陽寮や大宰府に置かれた方術専門の官人。占筮《せんぜい》や地を相して吉凶を知ることを司ったが、平安時代になり陰陽寮の司った天文、暦数、風雲の気色をうかがう方術を陰陽道と呼ぶようになると、陰陽師もそれらの方術を使う者すべての名称となった。古代の貴族層のみならず、中世以後は武家、近世になると庶民にまで広がった。

(72) **上野** 旧国名の一。東山道の一国。現在の群馬県にあたる。上州。

(73) **信濃** 旧国名の一。東山道に属し、現在の長野県にあたる。信州。

(74) **『破戒』** 島崎藤村が一九〇六年に著した未解放部落出身者の苦悩をテーマとする小説。

(75) **暦日博士** 暦博士。令制で、中務省管下の陰陽寮に属した官人。こよみを作り、暦生の教育にあたった。定員一名。従七位上相当官。

（76）『**将門記**』　平将門の乱をテーマとする軍記物語。著者不詳。本書の成立期、著者、史料としての性格には多くの説があり、古くは事件見聞者の実録的な著作とする説が強かったが近年では事件のかなりのち、十一世紀初期に、史料をもとに創作をも加えてまとめられた文学作品とみる説が強くなっている。

（77）**三島暦**　室町時代、応安年間伊豆国の三島神社の河合氏で発行した、きわめて細かな仮名で記した暦。

（78）**会津暦**　近世の地方暦の一つ。会津若松の諏訪神社の社家三家と市内七日町の菊池庄三衛門から発行されたもの。

（79）**徳政**　本来は、天変地異や疫病の流行などを君主の不徳によって生ずるものとして、それを除くために大赦、免税、貧窮者の債務免除などの際だった善政、仁徳ある政治を行うことであった。しかし中世ではもっぱら貸借、売買の無効、破棄を意味するようになる。

（80）折口信夫『古代研究』（大岡山書店、一九三〇年／中公クラシックス、二〇〇二年）。

（81）笠原宏至『徳政令――中世の法と慣習』（岩波新書、一九八三年）。

（82）勝俣鎮夫『一揆』（岩波新書、一九八二年）。

第二章　〈無縁の原理〉と現代

――『日本中世の民衆像』と『無縁・公界・楽』を読んで

一九八三年五月七日　藤沢市・遊行寺

司会――第二回の網野先生を囲む会を行います。

昨年（一九八二年）十二月八日に、第一回として「日本史の転換点としての中世――東国と西国」という演題で、網野先生に講演していただきました。

前回は先生に講演していただき、その後に質疑応答という形をとりましたが、今回は出席者が網野先生のご著書『日本中世の民衆像』[1]と『無縁《むえん》・公界《くがい》・楽《らく》』[2]を読んでいるという前提の上で、最初から質疑応答という形で行っていきたいと思います。

まことに勝手ですが、時間の関係上、また質問が多岐にわたりすぎると整理しにくいということもありまして、案内状にありますように、三つの型に質問を整理させていただきました。もちろんこれは大枠でありますから、これ以外でも結構です。

討議に入る口火としまして、私たちは一年近く網野先生の本を中心とした学習会を行ってきてこのような会を企画したわけですが、どういう問題意識を持ってのことなのかを述べさせていただきます。

私どもは、歴史学には無論、網野先生の専攻されておられる中世史にも、まったくの素人であります。その素人が、現在、日本の歴史学界の第一線で活躍しておいでになる網野先生のような方と、どういう討議ができるのか、どうかみ合うのかという点がまず問題になると思います。

この点につきましては、前回の講演で先生も述べられていましたが、先生は常に現在に対する関心を持ちつつ中世を探るという問題意識を持っておいでになる。ですから、現在、私たちが抱えているさまざまな問題、さらに現代のさまざまな疑問を捉え直すために網野先生の本を読む、つまり歴史の本としてだけではなく、一つの思想書として、例えば『無縁・公界・楽』を読むという学習会を行ってきたわけです。

この学習会のきっかけは、たまたま『日本中世の民衆像』を読んで、そのなかの水田中心史観の克服というところがたいへん面白かったものですから、この方の本を読んでみようということになりました。そして次に『無縁・公界・楽』にぶつかったわけです。

タイトルから宗教関係の本かと思ったのですが、副題として「日本中世の自由と平和」とありましたので、何とか食いつこうと思って読み始めました。

子どもの遊び、エンガチョから始まり縁切寺《えんきりでら》(3)あたりまでは、東慶寺(4)という縁切寺もありますし、何となく身近に感じて読んでいけたわけです。しかし、その後漢字を連ねた史料が出てきます。これが、素人の悲しさで、よくわからない。読み進むたびに史料のところでつっかかってしまうわけです。史料が読めませんので、どういう問題意識でこういうことをやっておられるのかよくわからなくて、ジリジリしながら読んだ覚えがあります。

縁切寺から始まって、無縁所《むえんじょ》(5)・市・自治都市等の場に共通する特質というものを、史料を通して具体的に明らかにしていく。また、そういう場を往来する人々に共通する性質を、具体的に明らかにしていく作業を通じて〈無縁の原理〉を浮かび上がらせようとしているのだな、ということは見当がつきました。そして、最後の二、三章になって〈原無縁《げんむえん》〉という言葉が出てくるあたりから、とてもおもしろくなりました。おもしろいというのは無責任な言い方ですけれども、具体的な史料を離れて、網野先生の考え方が全面的に展開されてくる。特に、無縁の原理で歴史を捉え返す、またそれを、世界史の基本法則というところまで拡大させて考えているところは、素人ながらとてもおもしろく読んだわけです。

とにかくおもしろかったものですから、もう一度読んで、他の網野先生の本や、中世関係の他の本も読みながら、私たちが最初におもしろいと感じたものを整理していくうちに、先生から直接話をお聞きしてみたいと思ったわけです。

それで一回目は「日本史の転換点としての中世」ということで、大枠として、中世とはどういう時代だったのかをお話ししていただき、二回目に『無縁・公界・楽』について語っていただこうということで、この会を企画しました。

私たちは『無縁・公界・楽』を読んで、内容は三つに要約されると思いました。

一番目は、この本が実証的な方法をとりながら、歴史的な事実の背後にある人間の幻想の領域を問題にしているという点です。

現実の貸借関係から逃れようとして無縁所に入った人が、乞食をして、なおかつ餓死してしまうという厳しい現実があったと書かれています。そこで、「それみろ、ユートピアなどどこにもありはしないのだ。そういうものは、たかだか幻想にしか過ぎないのであって、歴史の基本的な問題はそういうところにはないのだ」と見てしまう。つまり、現在の私たちの立場から歴史的事実を見て、歴史のなかで抱かれてきた幻想を裁断してしまうということに対して、たとえ幻想であれ、そこに行けば解放されるのではないかと思い、入っていく人がいたこと、人間が解放を求めて行くところ、そういう場が、人間を突き動かす力を持っていたという事実の裏に何があったのかが問題にされなければならない、という網野先生の主張は、私たちにとって、歴史に対する非常に新鮮な見方に思えて、おもしろく思ったわけです。

二番目は、無縁の原理と天皇制という問題です。前回の講演でも述べられましたが、現在、天皇を再び国民の統合の中心に据えようとする動きがあります。これは元号法制化[6]や靖国神社法案[7]、さらには教科書のなかで天皇の死を「没」と書き換えたり、天皇に対する敬語を歴史家に強制する等の問題として現れています。こういう動きに対して、日本人であるとか、日本国民であるとかということを、もう一度突き放して考えなければならないのではないか。そのことを通じて、天皇制の問題を徹底して相対化していく必要がある、ということを前回の講演で強調されたと思います。しかし、私たちは天皇制の相対化ということの重要性は認めつつも、それだけでは一面的だと思います。というのは、天皇制は確かにさまざまに相対化される契機を持ちつつも、なおかつ千数百年にわたって存続してきたという事実、そして、中世という日本の社会や文化が大きく変わってしまうような転換点でも、衰弱しながらもなおしぶとく生き続けて現在に至っている。この強さの秘密は、内在的に明らかにされなければならないと思います。

内在的ということは、私たちの祖先が苦しい生活に耐えるなかで、天皇に対してどのような幻想を抱きつつ長きにわたって天皇制を支えてきたのかということです。この点に触れるような天皇制論を私たちがつくり上げない限り、天皇制の問題は超えられないのではないかと思います。

三番目に、歴史観の問題があります。歴史というものを、単線的に進歩として捉えるということが、通念としてあると思います。時代を遡れば遡るほど、民衆は物質的にも精神的にも貧しい生活をしており、圧倒的に力の強い者の前に、いつもいじめられてきたとか、現代に近づくにしたがって過酷な支配に歯止めがかけられ、物質的にも精神的にも豊かになってきた、というふうに漠然と思い込んでいるような気がします。このような見方を本当にそうなのかと問われると、大きく揺らいでしまうような問題が『無縁・公界・楽』のなかにあると思います。確かに歴史を遡るほど、人間が生きていく条件は厳しくなると思いますが、そういうなかでの生活のあり方というものが、私たちが現在考えるよりもはるかに多様であり、また、支配者に対する抵抗のあり方も非常に多様なものだったのではないか。そしてこの多様な生活のあり方、抵抗のあり方を通じて形成されている人間と人間の関係も、強く豊かなものであったのではないかということを感じさせられました。

現在、私たちが抱え込んでいるさまざまな困難な問題、これは大きく言えば、科学技術が私たちの想像を超えて肥大化していくなかでわれわれの生存そのものが脅かされる状況、例えば核の問題や汚染の問題があり、近代の病理といわれる人間と人間の関係が非常に平板になり希薄なものになっていくような問題、そういった問題を私たちが本当に克服していくためには、過去の歴史のなかで培われてきた、人々の多様な生活、人間と人間の関係、思想といったものを一つ一つ見つめ直していくことを抜きにしては不可能であると思います。

このような意味で、『無縁・公界・楽』のなかで網野先生が提起された問題は、現在の問題につながると言ってよいと思います。したがって、今日の討論では、細かな歴史上の事実というよりも、現在の問題として〈無縁の原理〉を考えていただきたい、ということを念頭に入れた上で質疑応答ができたらいいと思っております。

最後に個人的な印象ですけれども、一九六〇年代の終わりから七〇年代の初めにかけて、全国的に学園闘争とか労働運動の高揚があった時期に「連帯を求めて、孤立を恐れず」という、東大全共闘のスローガンがありました。『無縁・公界・楽』を読んで、あのスローガンは現在的な無縁のあり方を象徴的に表していたのではないかと思いました。つまり現在でも、真に自由で平等で平和な人間と人間の関係を求めるならば、それは必然的に孤立化させられていくという予感があのスローガンのなかにはあったんじゃないかと思うわけです。

質疑応答

質問者1——無縁の原理から歴史を捉え直すという点に関してですが、これは大きく分けて二つあります。

一点目として、歴史を進歩として捉えることに対する反省が、網野先生のなかにあるのではないかと思うのですが、この場合、歴史を発展段階として捉えるような考え方と、人間と人間との平等で平和なつながりというものを根底に置く〈無縁の原理〉を指標として歴史を捉える考え方と、どういう関連を持っているのかということを、まずお聞きしたいと思います。

二点目に、中世に匹敵する転換期である現代において、〈無縁の原理〉はどのような過程を辿って再生され、自覚化されるのか。また、このことについて、どのような展望を持っておられるのかということです。と言いますのは、私たちが特に疑問に思っていることは、〈無縁の原理〉というものは、何らかの形で共同体を前提にした上での自由ということが根底にあるのではないかということです。現代のように、共同体的な人間と人間の関係が崩壊していく状況のなかで、果たして無縁の原理の再生・自覚化というものが、あり得るのかどうかということを、是非お聞きしたいのです。この点につきまして、網野先生のご意見を伺いたいと思います。

私にとっての戦時期と戦後一〇年

いまのお話は、私の書いた『無縁・公界・楽』の趣旨を、現代の課題に即して語れということなのだと思います。私はここにいるみなさま方とはおそらく一世代ぐらい違い、戦後の一九四七年に大学に入り、五〇年に卒業しましたので、戦争直後の時期に学生時代を過ごしたわけです。

戦争中はどちらかというとたいへんボンヤリした学生で、戦争について深刻に考えたほうではなく、反戦的な考え方を持っていたわけでもありません。また、忠実な「皇国少年」というわけでもなくて、その場その場の状況に流されながら生きてきたと思っております。一九二八年生まれですから十代の半ばぐらいの頃に戦争の時期を過ごしていたことになります。戦争中は教練の時間が非常に増えて、当時学校にいた配属将校や剣道、体育の教師の乱暴なやり方には反発していました。

私がいたのは東京の旧制高校で、一年のときだけ全寮制ということで寮に入ったのです。当時「兵営化」という言葉を実際に使っていたと思うのですが、本当に寮全体が軍隊の内務班(8)のようなやり方を強制され始めていました。その当時の私は、そういうやり方に対して、本能的な反発をずっと覚え続けていたものです。

ただ私自身は、結局は器用にその場をしのいでいたせいか、そういう目に遭わずにすんでいましたが、目の前で友人が殴られて、足蹴にされるという状況を見まして、やはり怒りと反発を強く持ちました。しかし、それをどう表現していいかわからないままでした。夜、警戒警報が出ると、部屋を真っ暗にしなければならないんですが、そのなかでタバコを吸ったり、マージャンをしたり、アルコールをどこかから集めてきて飲んだりというふうなことをやっても、モヤモヤしたものを晴らし切れない状態でいたわけです。

戦後の一〇年間は、それ以後に青年時代を過ごされた方には、たやすくはわからないような、いろいろな可能性を持った動きがあった時代だったと思います。

その時代に青年時代を過ごしたので、私も学生運動のなかに完全に巻き込まれ、そのなかでいろいろな経験をいたしました。

戦争中もそうでしたが、とにかく食べるものがろくろくなかった腹の減る時代だった。郷里が山梨県で、私の家は多少農業をやっていたものですから、ときどき帰って芋をたらふく食べてしのぐという状態だったと思います。

一年間は普通の学生だったのですが、一年の後半ぐらいから学友会委員という当時の自治会の委員になりまして、それから自治会の活動を始めることになりました。

こんな話をするつもりは毛頭なかったんですが、最初の話に引きずられてついつい自分の話になって、お聞き苦しいと思いますけれども……。

一九四八年六月二十六日に、最初の全国的な学生のストライキがありました。これがちょうど、全学連が初めてできるきっかけになりました。私が二年のときです。その時私は自治会の委員をやっていたわけです。

いま考えても私は、決して政治活動に向いている人間ではないような気がしますが、ともかく、その当時は下っ端の委員として駆け回っていたわけです。しかし当時の経験は、現在に至るまで依然として私のなかに生きているものがたくさんあるような気がします。

私といっしょに学生運動をやっていた連中は、現在の自民党のなかにもいると思いますし、民社党にも、もちろん社会党、共産党、それから新左翼にもいるわけです。混乱期だと言えばそれまでですが、それだけの幅の広さを左翼運動が持っていたことは事実だと思います。歴史の動きを見ましても、ご承知のように、当時「講座派[9]」と「労農派[10]」という対立がありました。これは最近知ったことですが、その両方のメンバーが集まって、例えば向坂逸郎《さきさかいつろう》氏と江《え》口朴郎《ぐちぼくろう》氏が同じ研究会でフランクな討論をやるような状況が当時まだあった。

そういうことが私の頭から去らないところがあるんですね。だから、いま、どうにもならない対立があっても、またいつか変わり得る、などと言って、若い方から「それは、お前の幻想だ」と叱られるわけです。ともあれ、戦後しばらくはいろいろな可能性があり得たことは事実だと思います。しかし、どうしていまのような事態になってしまったのかを、個人の感情を離れて冷厳に学問的に見つめなければいけないのではないか。そういうことが、たくさんあると思うのです。

ワク組みのなかでの思考

学生時代の二年目の後半からは、当時「民主主義学生同盟」という組織ができまして、その仕事をしていました。やはり時代のせいでしょうか、ものすごいスピードで同盟員が増えまして、たちまち数万の組織にふくれ上がったのです。なぜか、これのオルガナイザー（労働運動や大衆運動の組織者）にされました。その頃、「朝鮮学生同盟」の建物が新宿西口にありまして、民学同がそこの一角に事務所をかまえていましたので、そこに毎日通って、大学には一日も行かないという状況で、ほぼ半年を過ごしました。

三年目になりまして、卒業論文を書かないと大学は出られないし、大学に戻りたくなったのと歴史の勉強をしたいということがあったものですから、ちょうど民学同の組織替えのあったのを潮時に学校に戻りまして、運動の傍らに勉強するという状態で論文を書いたわけです。

それ以前から、石母田《いしも》正《だしょう》さんとか松本新八郎さんとか、当時の歴史家のなかで中心的なリーダーであった方々の強い影響を受けていたのです。別のところでもちょっと触れたことがありますが（『読書の泉』所収の対談「知のアイデンティティー」）、当時は石母田さんや松本さんの迫力、そのシェーマ（外界の認知や行動の際の一定の様式）に完全に呑まれていまして、自分自身の現実に対する素直な見方を失っていた。後になってから気がつくわけですが、当時は石母田さんや松本さんの考え方を何か自分のもののように思い込んでいい気になっていたのです。

そういう状態にあるときの人間は不思議なもので、ナマの史料を読んでも自分の頭のなかにあるワク組みがありまして、そのワク組みのなかでしかものが見えなくなる、読めなくなってしまうんです。

そのワク組みは、自分が作り上げたものではなくて人からの借りものなんですから、いつまでたっても豊かなものにはならない。むしろ痩せていってしまうだけなんですね。しかし、そのへんをまったくごまかしたままで、器用にエセ論文をまとめてしまった。そういう器用なところのある自分がいまでも嫌で仕方がないわけです。

「常民文化研究所」と「歴史学研究会」

そういうやり方でしたが、ともあれ大学を出ることになったところ、三月三十日になってもどこにも就職がなかったものですから、私を教えてくださった宝月圭吾《ほうげつけいご》先生のお宅に伺って、ギリギリまできたけれど、どこにも就職口がないので、どこか働くところはないかとお願いしました。

当時は、漁業制度改革(11)という農地改革に並行する漁業の改革が進められていた時期で、それに関連して水産庁が常民文化研究所に費用を出して漁村の史料を集めたり、古文書を集めて編集出版するという仕事が始まっていました。そこの仕事がもしかしたらあるかもしれないというので、その中心となっている宇野脩平さんを紹介していただきました。

この方は、古くから常民文化研究所の同人ですけれども、シベリアから引き揚げて来たばかりのときに、宝月先生に連れられて歩いた京都の荘園の調査で御一緒したことがあったのです。

話は少しそれますが、実はそのときに初めて被差別部落に調査に行きました。『破戒』のような小説を通じて、そういう問題があることは知っておりましたけれども、私は関東に育ったものですから、身近な経験としてはほとんど知らなかったのです。その部落を訪ねてたいへん歓迎された記憶があります。そのとき宇野脩平さんから、初めて差別の問題についてかなり詳しい話を聞かされたのです。その後、この問題を自分なりに考えるようになったのです。このことは私自身の初めての経験として強く印象に残っています。

卒業・就職して間もなく、「歴史学研究会[12]」という会の委員になりました。当時の日本は、アメリカの占領下に置かれている状況で、民族の問題を歴史家が取り上げるべきかどうかという議論が強く表に出てきておりました。歴史学研究会のなかでも、激しい意見の対立がありました。国際主義を強調する「国際派」といわれていた人たちからは、「民族主義に堕するものだ」という意見があり、一方で「それでは現在、植民地化されている日本の問題を考えることはできない」という「民族派」の意見もあって、両者がたいへんな対立をしていた時期でした。

先ほど言いましたように、私は石母田さん、松本さんの影響を受けていましたから、当時は後者の民族派に属している形になっていました。ですから、その議論の過程では、歴史学研究会の委員として、もっぱら大会で民族問題を取り上げる方向にリードすべく全力を挙げて動き回っていたような状態だったのです。私の当時の職場だった常民文化研究所では、宇野脩平さんが戦争中に「共産青年同盟」の一高のキャップをやっていて放校された経験の持ち主だったこともありまして、こういう私の行動について、まことに寛大でありました。当時は、しばしば午後に会議があるのです。何も注意されないことをいいことに、午前中だけちょっと仕事をして、午後になって「会議がありますから失礼してもよろしいでしょうか」と言うと、宇野さんが「はあ、どうぞ行ってらっしゃい」と言われるものですから、研究所の仕事にはまったく不誠実な状態のまま、二、三年を過ごしてしまったわけです。

歴史学研究会で、「歴史における民族の問題」（一九五一年）と「民族の文化について」（一九五二年）の二回の大会があり、三回目の「世界史におけるアジア」（一九五三年）という大会では、私は委員として先ほどのような方向にリードすべく努力していたわけです。それは、国民的歴史学の運動とも結びついていましたし、やがては「山村工作隊《さんそんこうさくたい》」(13)にもつながってくることにもなります。

その頃は、午後から会議が始まりまして、家に帰るのが深夜零時、一時という状態が毎日続いておりました。それでも休みの日には本を読んでいたつもりではありますけれども、実際は何もしていなかったのと同じです。

まあ、「自分がなかったのだ」と表現する以外にないと思うのですが、運動自体にしても、やはり、すべて他人の作ったワクのなかでやっていたことなので、後に何も残らない。

何人かそういう人がいたと思います。私は松本新八郎さんの強い影響を受けまして、しゃべり方まで松本さんに似てきたと言われる状態でした。

そのせいもあって、そのときに勉強したと思っていたこと、読んだと思った史料のことは、何一つ残っていない。読んだ本の中身など、本当に覚えておりません。どんなに忙しくても、自分の目があれば何か残ると思うのですが。これは本に対する、史料に対する、現実に対する姿勢そのものに根本的な問題があったのだと思うのです。

それは現実の問題についても同じでありました。これは内容を申し上げるわけにはいきませんが、歴史学研究会や常民文化研究所内部の問題に関連してあるきっかけがありまして、一九五三年の初めくらいから、それまでやってきたことに疑問を持ち始めました。それで、歴史学研究会の委員としての活動が次第に鈍くなってきました。極端に言いますと、それまで自分がやってきたことと、逆のことを言い始めるようになっていたと思います。

そういう状態にあった年の夏頃ですが、ある衝撃を受けて、豁然《かつぜん》と言ってもいいような気がしますけれども、それまでの自分がまったく無内容であったと気がついたわけです。目が覚めて周囲を見回してみると、いままで私が最高の価値を置いていたものがまるで無価値なものになり、いままでまったく目にも留めていなかったものに、非常に大きな、すばらしい価値があるということに気がついた。極端に申しましたが、それに近いようなことがございました。

当然、歴史学研究会の活動も消極的になりました。批判されましたが、そのときは反論して、あるいは議論して、相手を打ち負かす力などまったくなかったわけです。

自分の無内容と虚しさに、ただ打ちひしがれ、それでもいま自分に見え始めているものは、確かに本当だということだけが拠りどころだったものですから、批判されても、いや前の自分が間違っていて、いまの自分が正しいと思う、と言うだけしかなかったんですね。ただ、もう二度と人の口真似はすまい、自分が本当に感じたことだけを言い続けようと、そのときから決心して、わずかに発言はしていたと思います。

だから、そのときの私の行動が、歴史学研究会のメンバーを含めた私の友人たちには、たいへん奇異に映ったのも当然だと思います。しかも、どこから出てきたのかまことに不思議に思うわけですけれども、当時、左翼の運動が全体として退潮しつつあったことも関係しているのでしょうが、元大蔵大臣の渋沢敬三が始めた「日本常民文化研究所」に籍を置いているということで「網野という男はこの頃おかしい。アメリカ帝国主義の手先、スパイではないか」ということまで言われる結果になってしまったのです。

それまで非常に親しく話していた友人が、私の顔を見てプイと顔をそむける。ニコニコ笑っていた人が、近づくと固い顔をする、という経験に歴史学研究会のなかでもたびたびぶつかりました。

もちろん直ちに委員を辞めさせてもらいたいと思っていたのですが、そのときは、さらに一年間の任期で選ばれてしまっていました。委員から降ろしてしまおうという話もあったようですが、一度大会で選ばれた委員ですから、任期が終わるまで辞任する意志はないと頑張りましたので、一年間はそういう妙な状態で委員をやって、その上で辞めました。歴史学研究会には迷惑なことだったと思います。

その期間、正直申しまして辛い思い出がいまでも残っておりますけれども、それでも初めて自分が見えてきたといいますか、自分がなんとちっぽけな、まことに卑小な人間だったのかということに気がついて、もう一度、まったく初めから勉強をやり直そうと思って、少しずつ本を読んでいましたし、激励してくれる友人もできて、決して暗い気持ちではなかったのです。常民文化研究所の仕事も、勤め始めて三年目にして、初めて本当にまともに働き、史料の整理に打ち込み始めたわけです。

ところが、その二年ほど後に、運が良かったのか悪かったのかいま考えてもわかりませんけれども、水産庁が予算を全部打ち切りました。当時かなり莫大な予算がありましたから、ずいぶんあちこちに調査に行くことができたのです。一年だけはどうやら食いつないでいたんですけれども、一九五六年の後半には事実上失業状態になりました。その年は、高校の非常勤講師をやったり、アルバイトをしたりしながらどうにか食いつないで、五七年の六月に北園高校に就職したわけです。もちろんその頃学会とはほとんど関係を持っておりませんでした。

しかし、自分で細々と考えて書いたもの、勉強してきたことを人に読んでもらいたいという気持ちが出てきまして、前から因縁のあった『歴史学研究』に何度か投稿してみたわけです。霞ヶ浦のことを書いたのですが、これが自覚的には処女論文ということです。それを投稿したところ、私が委員だったときの友人がおりまして、この人は、私が委員だった当時からたいへん温かい目を向けてくれていた方で、何とか載せてやりたいと思ってくださったのだと思います。『歴史学研究』に一号だけ「地方史研究」という不思議な欄が設けられまして、その欄に載りました。(14)『歴史学研究』は、ずいぶん長い歴史を持っておりますけれども、「地方史研究」という欄が設けられたのはこの時だけで、友人が私の書いたものを載せるために無理につくってくれたのかもしれません。ともあれ、私の処女論文はそういう形で陽の目をみたわけです。

その後、高校に勤めてから荘園のことをボツボツ勉強していたので、それを論文らしきものにして投稿しましたが、やはり冷厳なものがありまして、三度も四度もボツになってようやく載せてもらう始末でした。ただ、ボツになっても、不思議にファイトが湧いてきて、「コノヤロー」と思ってもう一度書くわけです。またボツになり、また書き直すという経緯を経て、ようやく載ったわけです。

『無縁・公界・楽』から見えてきたもの

生活のほうでは、その頃から北園高校に勤めるようになっていました。この本(『無縁・公界・楽』)の最初にも書きましたし、いまでも短大で同じような経験をときどきするのですが、素人の質問の怖さ、ことに生徒の質問の怖さを経験しました。なまじ、多少専門的なことを勉強していたせいもあるのだと思いますが、単に専門家として素人の質問が怖いというだけではなく、人間の歴史のきわめて本質的な問題を自然に質問されたような気がします。

もちろんその頃は、こんな本を書くことは、まったく考えていませんでした。荘園の歴史を、その中に生きた人々の生活を一つの歴史として描いてみたいという気持ちで勉強を進めてきたわけです。それを、最初に出した『中世荘園の様相』(15)という本にまとめてみました。

これを書きました時に、民俗学の方から、「お前は自分ではよくやったと思うだろうが、まだ、これでは本当の庶民の生活を摑めていないように思う」と、非常にきつい批判を受けました。それは、いまいっしょにいる河岡武春《かわおかたけはる》さんという、常民文化研究所を長い間支えてきた方のご批判でした。それ以前の研究所にいたときから、宮本常一さんとか桜田勝徳さんとか民俗学関係の方の話を聞くチャンスがありましたので、多少は民俗学に関心を持っていて、若干は本も読んでいたのです。そして、このご批判が一つのきっかけになって、民俗学に関連した本をなるべく読むようにしようという努力を意識的に始めたのを覚えております。

それから後、仕事は名古屋大学に移りましたが、たいへん幸運だったのは、陰陽師《おんみようじ》関係の古文書を名古屋大学の文学部が持っていたことでした。江戸時代に鋳物師《いもじ》(16)を統括していた真継《まつぎ》(17)家という、朝廷のなかでは低い地位の公家の家に伝わった古文書なのですが、それを調べているうちに、それまで関心を持っていた漁民の問題と鋳物師の問題とが、はっきりと結びついたわけです。

しかも、それが、さっき質問に出た天皇の問題につながるということもあって、初めて天皇の問題を学問として自分の立場から研究できるという確信に近いものが持てたものですから、視野が急にぱっと広がったように思いました。

その仕事を進めている途中で、たまたま中世の都市について書けという課題が与えられまして、どう取り上げようかと考えている過程で、『無縁・公界・楽』に引用したような史料にぶつかりました。それから勉強してみると、次々にいろんなことがわかってきたような気がしたものですから、ある程度まで自分の考えがまとまったところで、学生に一回話してみたわけです。一章が一回の講義に相当しておりますが、最後の三章は後で書き加えたものです。私は講義の準備を前の日にするものですから、資料をちゃんと刷ってやればいいのでしょうが、黒板に書いて、学生に読ませて、説明して、時間を大分取ってから前後のことをしゃべったわけです。しかし、今回に限っては、ちゃんと原稿用紙にまとめてから学生に話したのです。最初は二、三〇人いた学生たちが、史料が難しいことが原因だったんだろうと思いますが、次第に減っていきまして、最後は七、八人しかいなかったわけです。

ただ、七、八人だけは非常に熱心に聞いてくれたのです。最後の時間に史料を出さないでベラベラしゃべったものに若干書き加えたのが、最後の三章ということになるわけです。ずっと書き下ろしたわけですが、最初のほうに書いてきたことに何とか筋を通さなければならないということで書いたもので、このとき何か見つけたと私が思ったものを、仮に〈無縁の原理〉と表現してあるわけです。自分のいままでの生活のなかで感じていたものを、史料を通して歴史学の問題として初めて人前ではっきり言えるという気持ちがあって、それがこの本の最後の文章になっています。

確かに、もう二度と、あのようなことを書くことはできないような、気持ちの高まりがあったことは間違いありません。『蒙古襲来』(18)を書きましたときにも、さんざん書くのが遅れて、最初の一、二章だけはわりあい早く書いておいたのに、あとの部分は一月半くらい、毎週毎週出版社の方が取りに来て、せきたてられて書いたものです。もう一〇年以上も前になります。若かったせいもあるでしょうが、猛烈な勢いで書いた覚えがあります。これも、二度とはできそうもないなと思っています。

そういう意味で、そのときの私自身の素直な思いをぶつけたものであることは間違いないわけで、いまさら逃げも隠れもできないわけですが、こうやってご感想を聞いておりますと、『無縁・公界・楽』という本が、いまのような模索の過程で書いたものですからやむを得ないとはいえ、体系的なものになっていない、いかに不完全なものであるかということを痛切に感じております。

先ほど〈原無縁〉という話も出たわけですが、これも本のなかに正直に書いておいたつもりですが、ここまで問題を追いかけてきた以上は、考え抜かなくてはいけない。無理に無理を重ねながらも、そのときに精いっぱい考えて書いたので、こんなに問題にされるとは思ってもみなかったわけです。

その意味で、充分に練り上げた、体系的な思想を述べたという性格のものではないわけで、これ以上説明しろと言われても、実際困ることがずいぶんたくさんあるわけです。ただ、ここまでしゃべってきました私の経験を、この本に集約的に表現する結果になっていることは事実だと思いますので、このようなことをお話しする気持ちになったわけです。

歴史家としての課題

最近、「社会史」ということが盛んにいわれております。私の場合も、社会史派の一人にされてしまっているようですが、これはもともと西洋史の分野での活発な動きから起こってきたことです。阿部謹也さん等が積極的に展開していらっしゃるわけですが、私もたいへんおもしろいというか、共感するところがたくさんあります。そして、こういう動きが広がっていくことは、非常に結構なことだと思っています。

ただ、日本史の分野で「社会史」という言葉はずいぶん前からあるわけで、『社会史研究』という雑誌も、戦前すでに喜田《きだ》禎吉《ていきち》さんが個人雑誌みたいな形で出されていたことがありますし、滝川政次郎氏の『日本社会史』(19)という本もあり、中村吉治さんの『日本社会史[20]』もある。ですから使い古されてきたということもあって、日本史の専門家は、私も含めて最近の歴史学の一つの動向を社会史としてまとめることには多少の違和感を持っていますし、ある場合には拒否的な傾向もあると思います。

私も、自分の仕事を社会史としてやってきたという意識はまったくないわけでして、そういう意味で、社会史派の一人に数えられて批判を受けている現状については、ちょっといただけないという感じがしているわけです。

ただ、先ほどお話ししたように、現在直面している課題を、どこに求めるかということになりますと、かつて「民族の問題」に関わりを持ったということが、何らかの形でいまも私のなかに生きているからかと思いますが、その当時とは違った意味で、民族の問題は現代の大きな課題だと思います。実際、現在の世界のなかで、諸民族の間の軋轢《あつれき》、摩擦が、時には戦争という形をとることは言うまでもありません。しかし、私が若いときに非常に強く心を惹かれた社会主義も、民族の問題を確実に超えきっていない。これは、昔からいわれているマルクス主義の弱点の一つで、五〇年代にもずいぶん議論されていましたが、依然として解決されていない問題だと思います。

ソビエトと中国の対立にしましても、中国とベトナムの対立にしましても、はるか昔の図式によっても説明がつき得るようなところがある。そういう古くからの対立が依然として生きていると言わざるを得ないところに、民族というものの根強さを非常に強く感じるのであります。

それだけに、各々の民族のあり方を充分に理解した上で、現代における民族の対立を捉え直すことができるならば、さまざまな民族間の軋轢を克服していく道が開けてきはしないのかと思うわけであります。

それを、われわれ自身の問題として問い返してみると、何よりも日本人の体質——天皇制を永続させてきたことを含めて——これを徹底的に明らかにする、自覚的に、自分自身にあるものを相対化することが可能になるぐらいこの問題を掘り下げることが、大きな課題の一つだと思っております。

それともう一つは、最初のご質問と関連してくると思うのですが、現在人類絶滅の可能性を十分に持った、非常に進歩・発展した技術を、資本主義国が武器として持つようになった状況のなかで、人間と自然が完全に管理されている。社会主義国もまたそうした武器を持ち、こうした問題を乗り越え切っていないという点に、現代の重大な問題があると思います。

最近、霞ヶ浦を歩いてみてつくづく思ったわけですが、湖の周囲には、全部コンクリートの壁が完成しています。この湖は、鹿島コンビナートへの用水供給の水がめにされる状況になっているわけで、管理される自然の一端を見た思いがしました。

それだけでなく、そうした技術と交通を含めた発達のなかで、農村や漁村、山村が根こそぎ崩れつつあるのが現状だと思います。そういう状態から人間と自然を解放して、その生命力を本当に発揮させることも、直面している一つの課題ではないかと考えております。

そのために、歴史を勉強してきた者として、何をしたらよいかと考え、いまのところ三つぐらいの課題を自分の前に置いているわけです。

一つ目は、常民の生活の日常的なあり方、意識の動きを、女性、老人、子どもまで含めて、できるだけ明らかにしてみたい。これは先ほどの西洋史の「社会史」の動向と深く結びついています。

二つ目は、そのなかでも特に、これまでの歴史学が光を当ててこなかった農業以外の生業に携わる人たち、と同時に、山野《さんや》河海《かかい》という場所、道や市という場そのものの性格、そこを生活の舞台にする人々の生活をできるだけ明らかにしたいと思います。これが、ご質問の一つになっている天皇の問題にもつながっていくと思います。

三つ目は、前回申し上げましたが、日本列島を一つの国家に支配された地域、単一の民族が生活をしてきた場所と考えるのではなく、いくつかの独自な歴史、ある場合には独自な国家を持ってきた地域、ある場合には日本列島を越えた地域の歴史のなかで、民族国家が形成される過程を明らかにしていくこと。現実に、いくつかの地域に分けることは確実にできると思うので、そのような見方から日本の国家とか民族を相対化して考える道を開いてみたいと思います。

三つ目の課題については、ある時期から徐々に気がついてきたことでありますが、初めの二つについては常民文化研究所の仕事をやりながら考えてきた課題で、ようやく最近人さまにお目にかけられるものが書けるようになったということに過ぎないわけです。

歴史の進歩とは何か――「霞ヶ浦四十八津」から考える

先ほどのご質問のなかにもありましたが、歴史の進歩をどう考えたらいいのかということは、私にとっても大きな問題です。

一九五八年頃から自分で集めた霞ヶ浦の史料を、もう一度一点一点読み直してみたのですが、そのときに感じたことが、いまの私の出発点の一つであると言ってもよいので、そのことに触れてみます[21]。

霞ヶ浦の周辺には、小さな漁村が点在しています。それは古くから「津」といわれており、港の意味を持っているのですが、それらの津が、「霞ヶ浦四十八津」という組織を江戸時代につくっていたわけです。四十八というのは、ある時期の実際の数かもしれませんが、江戸中期には百くらいの津がありました。北浦のほうにも同じような「四十四ヶ津」という組織があったわけです。江戸時代の初め頃にこの組織は出てきますが、戦国期にはすでに存在していたと思います。

あの巨大な湖の周辺に住む民が、こういう一つの大きな組織をつくっておりまして、霞ヶ浦は全部自分たちの入会《いりあい》である、この組織に加盟している者は湖のどこでも自由に漁をしてよいという規定を持っていて、湖を管理していたわけです。

しかし、この組織は、江戸時代を通じて滅びていきます。江戸時代前期の頃から湖に面している村が、自分の村の地先湖(22)を自分たちの専用漁場にしようという動きが出てくる。領主のほうにも、そこから獲れた魚を運上として取り立てるという計算があって、あちこちでそういう画策が行われ始めます。

例えば、霞ヶ浦のいちばん北の湖が細くなっているところ、「玉里の入江」といいますが、ここを江戸時代のごく初期に水戸藩(23)が御留川《おとめかわ》、つまり専用漁場にしようとします。これに対し、霞ヶ浦四十八津は、湖の入会の原則を乱すとして、ものすごい抵抗をするわけです。四十八津は完全にボイコットするんですね。文書のなかでもまったく認めないで、頑強に抵抗します。その訴訟からはずれた人間は、いかなる措置をとられても文句は言えない、裏切り者は打ち殺すということも何遍も文書のなかに書くような勢いでこれを抑えつけようとするわけです。

ところが、四十八津の内部からも、自分の村の地先湖を専用漁場にしようとする動きが出てくる。言ってみれば耕地の延長として湖を私有しようとする動きがだんだん強くなって、結局、四十八津は御留川を認めざるを得なくなってしまうわけです。こうしてだんだん生命力がなくなってくると、四十八津はむしろ漁民を統制する組織に、権力によって変えられていくわけです。

幕末になると、四十八津の組織は、農民の利益になることではありますが、湖の入口の水捌けをよくする工事のために、漁具を取り払おうとする権力の統制機関に完全に転化させられてしまう。漁民が小さな漁具を湖の入口あたりに置いているのを、水捌けによくないとしてみな取り払うことになる。四十八津がその執行組織になってしまうわけです。だから、結局、漁民の心はこの組織から離れて、明治には滅びてしまう。

このことを三〇年前に知ったときには、私は、こうした大きな組織が出来上がるまでの経緯を知りたかった。おそらくこれは古代まで遡るのではないか。そこまでは言えないにしても、中世から続いている非常に根の深い組織であるに違いないと思ったのです。しかし、霞ヶ浦についていては、史料が非常に少ないので、到底主張することはできなかったのです。あちこち回り道をした上で、ようやく最近多少とも自信を持ったので『社会史研究』二号に書いてみました。[24]

一九五八年以前の私は、この組織が滅びていったことを、歴史の自らの発展、進歩に従って滅びざるを得なかったのだというふうにしか捉えていなかったのですが、五八年以後の勉強のなかで、この滅びていった組織のなかに込められていた巨大な、根の深い力が、実は非常に大きな意味を持っているのではないかと考えだしたわけです。

実際、現在の霞ヶ浦はひどい状況になっていますが、霞ヶ浦の漁民が、湖の管理をどうするかという問題で、全員が集まって大きな集会を開いて議論するなんていうことはまったくなされていないと思いますし、この四十八津という組織の存在もすっかり忘れられてしまって誰も知らない状態です。

しかし、それでよいのでしょうか。歴史の進歩のなかで、滅びたもののなかに汲み上げるべき大事なことがあるのではないか。そんなことを考えているうちに、単純に歴史の進歩ということを言えなくなってきたのです。

つまり、この組織が滅びていく必然性はあり、滅びていくことが歴史の流れには違いない、それはそれで自然であろうけれども、同時にまた、霞ヶ浦の周辺で漁民が毎年定められた集会日に全員が必ず集まって例会を開き、湖の問題を議論する。また、なにか緊急のことがあると総動員がかかり、漁民みんなが集まるなんてことをやっているわけです。そういうことを可能にしていた力の根源はどこにあったのか。それを滅びてしまったといって済ましているだけでよいのだろうかと思ったわけです。そういう力の持っている根源を辿ってみることが必要だと思ったわけです。

実際、漁業史や職人史などの問題をやろうとしますと、漁業の場合、特に沿岸漁業は歴史の発展とともに滅びていきつつあるので、こういうことについてもはや取り上げる必要はないと言い切った人もおりますし、そういう空気のなかで漁業の歴史をやろうとする研究者は、いまのところほとんどいない状況になっています。しかし、日本の歴史を考えていく場合、いま述べたような力、人間の持っている可能性を歴史のなかからもう一度取り出してみる、そのエネルギーを現在に生かしていく道を考えることは、どうしても必要だと思います。

歴史は累々たる屍の上に成り立っているのでしょうけれども、滅びてしまった組織にしても屍にしても、そのなかでかつて生きていた力を、もう一度甦らせることはできないだろうかと思うわけです。うまく表現できませんが、歴史はもはや後戻りできないわけですから、先に進んでいくことは間違いないわけです。それを「歴史は進歩する」といって、そのほほんとしているだけでは、現代の課題が達成できないことは明らかになってきていると思います。

中世の〈公〉とは何か

質問者2――いま私たちの関心は、政治的な問題もさまざまあるのですが、まず、国家とか「公《おおやけ》」の問題にどのように対処したらいいのか、どうもはっきりしない。つまり、個人的に好きなことができればそれでいいのではないかということで、個人的なものと全体に流れていくものとが非常にチグハグになっているという感じがするわけです。

そこで中世の問題での質問になりますが、例えば鎌倉時代に将軍は自分の兄弟などがピンチになったときは、法などまったく無視して助ける、ということもあったそうですが。

ああ、北条泰時(25)ですね。

質問者2――また先日出た『徳政令《とくせいれい》』(26)（笠松宏至著、岩波新書）を読みますと、法律の存在すらほとんど誰も知らず、裁判所もその正確な文書を持っていないようなこともあったようです。そうしますと、当時公というのは、どのように普通の人に意識されていたのか、ということがまったく見当がつかない。例えば、現代では学校とか橋を建設する場合には公共事業としてやるわけですが、当時は橋を造る場合にも坊さんが勧進してやっていたわけですね。そうなりますと、当時の人々から見て公というのはどのように見えていたのかということが、まったく見当がつかないのですが。

〈公〉というのは、国家権力ということですか?

質問者2――国家権力もそうですが、個人よりももう一つ上の抽象的な、一歩離れたところにあるもの……。

そうですね。いまの質問はとても難しいし、実際われわれにもわかっていないと思うのですが、お話のなかにあった勧進上人などは、本来は民間のなかでの〈公〉なのだと思います。つまり、橋を架けたりすることは、一つの単位の共同体ではできないことで、誰かがその共同体を超えたところでやらなければならないことになるわけです。律令国家の時代でも奈良時代になると、橋をはじめ公共的な施設は国家の力ではできなくなってくるわけで、その隙間をうずめるものとして勧進上人があちこち歩いて喜捨(27)を集めて橋を架ける。

これは、古く行基(28)の時代から考えられているわけです。いまのご質問とは少しずれてしまうかもしれませんが、一つはそういうところに、現在で言えば国家とは異なる公に当たる問題があると思います。市庭《いちば》なども同じ意味を持っていると言ってよいでしょうね。いわば個々の共同体を超えた公ですね。

それともう一つは、共同体そのものの平民の自由という形で、この本でちょっと触れたこととも関わるわけですが、当時の人から見て、ある特定の人物の完全な所有物「下人《げにん》」(29)「所従《しょじゅう》」(30)という私的所有の対象になっている人と、そうでない「平民」との間には、かなりはっきりした違いがあって、意識の上でも違いがあったということです。だから平民たちは、自分たちを下人、所従にしようとするような圧力には強烈に抵抗する。それを支えているのは、自分は公の民だという意識だと思うのです。「百姓」という言葉も、そういう意味を持っていると思います。

しかし、この両方の公は、律令国家が生まれて以後、日本の場合には天皇に収斂《しゅうれん》されていくわけです。それは、オオヤケが「大家」からくる、つまり律令制以前にも、首長の家がオオヤケであったということとも深い関係があるだろうと思います。

もちろん、それと異なる動きもあります。例えば、勧進上人の活動は、本来、天皇とは関わりのない公の動きだったわけです。ただし、中世になると西のほうでは天皇が勧進を許す権限を持つようになっていたのですが、東のほうでは将軍が持っていたと考えられています。したがって公のすべてが天皇のみに収斂されるわけではありません。ですから「自分は公の民なんだ」という意識は、本質的には天皇につながらなくてもいいわけですが、そうなりがちだというところに律令制成立以前の日本の社会のあり方、さらには律令国家ができて以降の日本のあり方の大きな問題があるのだと思います。

ちょっと言い方が逆になりましたが、本来公とは、天皇とかその他の権力とは関わりのない、いわば私的な隷属を拒否するという、人間の本質につながる問題として捉えることができるのではないかと思います。

質問者3――本来ある〈公〉というのが、まだあまりピンとこないのですが、そういう場合、無縁というのは有縁が前提になっているということなのでしょうか。つまり、有縁が一方にあって、それから避難するとか、自分または自分たちをガードするためにその無縁の場や人々があるという形になっている。したがって、前提には常に有縁の世界があって、権力関係がある。例えば自治都市といっても、有縁に囲まれた形で無縁があるのではないでしょうか。また、本のなかで、自治都市は、公権力に転化しないとおっしゃっていますが……。

図2　「遊行上人縁起絵」

いや、公界《くがい》という原理そのものは、公権力にならないものを持っているのではないかと書いたのです。

質問者3――そうしますと、原理そのものはすでに有縁が前提であって、それを部分的に侵蝕したり、逃避する場にはなり得ても、有縁全体を覆ってしまうということはないのではないかと読めてしまうのですね。そうしますと、これはどこまでいっても……。

〈無縁の自覚化〉とは

（笑）ああ、そうですか。それで、先ほど言った〈原無縁〉ということを、とにかく理屈として持ち出したことは、ご推察の通りなのですが。

ただ、例えば先ほどご覧いただいた非人の絵(31)ですね。ああいう非人の姿である柿色の帷子《かたびら》(32)を着るとか、蓑笠《みのかさ》を身に着けるということを、ある時期から百姓が意識的に始めるんですね。これは勝俣鎮夫さんが『一揆』(33)のなかで詳しく書いていらっしゃいます。室町時代になると身分差別がだいぶ固定化してくるということは、あの絵の三つの円（**図2**）を見ただけでもはっきり分かると思います。その段階になってから、むしろ意識的に百姓が全員蓑笠を身に着けるとか、あるいは柿色の帷子を着けるということをやり始めるわけです。私が〈無縁の自覚化〉などと言いましたのは、こうしたことを考えていたわけです(34)。

本来、「無縁」という言葉の意味は「貧しい」ということだと思うのです。それにもかかわらず、「俺のところは無縁所だから権力は入ることはできない」というふうに言い出したとき、それを言った側の気持ちになってみるということですね。言い方を変えれば、これはそれまでもっぱらマイナスのほうに考えられていた貧しさを、むしろ積極的なプラスのほうに転化する、という自覚的な意識があったと考えてもおかしくはないような気がします。

同じような意味で、一揆を起こすときの百姓が全員、古蓑、古笠を着けて現れるということをしたことを考えますと、明らかに自分たちが「無縁」の姿をすることを、まさしく非常に意識的・自覚的にやったということのなかに、人間の持っている本質的なものを感じ取ることができると思うのです。

実際に、「俺たちは、もはや自ら非人になる。そのかわり、お前ら侍は一度百姓になってみろ」というようなことを言った百姓一揆の例もあります。

私のこの本に対して、おっしゃるような批判はこれまでもあるのですが、人間には本来そうした力があるということから出発をする必要があるのではないかということが、この本を書いたときの率直な気持ちだったのです。

ですから、先ほども言いましたが、私の書いたものが社会史といわれていますが、私自身は社会史というように言ったことはあまりありません。ただ、前に述べた第一の課題は間違いなく社会史の分野だと思いますが、もっぱら、もう一度、天皇とか国家権力、民族を照らし直してみたいという気持ちを持っているものですから、当然、政治史や制度史、国家史を、この立場から考え直してみたいということを究極の目標に置いているので、社会史という表現だけでは自分の気持ちがおさまらないところがあるのです。

これから先、どこまでできるかわからないのですが、このような課題を、自分なりに、生きている間になんとかできるところまでやってみたいというのが私の気持ちです。

「天皇制」と「統治権的支配」について

天皇に関して特に言いたいことがあるんですね。これは私が歴史学界に捉われ過ぎているのかもしれませんが……。

天皇は伝統的なもので、それを新しい支配者が利用してきただけであり、また利用してきたからここまで生き延びたんだという見方が、歴史家の間では強いのです。だけどそれでは天皇の克服なんてことは絶対に不可能だという気持ちが最初からあったのです。利用される何かが天皇にあったはずで、その何かをはっきりさせなければだめだと思うんですね。

例えば、鋳物師のような職能民、この本に出てくる被差別部落を含む職人的集団は、江戸時代になると、国とか郡を単位として組織をつくっています。鋳物師でしたら、例えば信濃国鋳物師という集団を成して信濃国大工に統括されるという形になる。このあり方は、職人集団にかなり共通していまして、他に千秋万歳《せんしゅうまんざい》(35)という万歳師《まんざいし》なども、一国単位の万歳《まんざい》場《ば》の権利を持つという形になっている。これは一種の縄張りなんですね。その縄張りが一国あるいは郡という単位で出来上がっている。もちろん江戸時代には大名がいるわけですから、一国のなかにいくつかの大名の支配下に置かれている地域があるわけですが、国とか郡とかという単位は、江戸時代を通じて大名を超えた単位になっているわけです。

これは「国郡制《こくぐんせい》」といわれているのですが、これについて歴史家の間でのかなり有力な見解として、「国郡は、要するに律令以来の古い国家組織のワク組みであり、新しい支配者が支配体制を固めようとする場合、〈公〉を問題にせざるを得なくなったとき、こうした古いワク組みを利用しないと〈公〉の権力にならないから国郡制を利用しただけで、それが生き延びさせたのだ。だから、江戸時代の国や郡の役割は、本質的な問題ではないのだ」という考え方があります。

これは先ほど言った天皇の場合とまったく同じ論理だと思いますが、実際に、国郡の中身に職人の縄張りという実体があるわけです。遍歴民にとって、それは縄張りの範囲なんです。『博徒と自由民権』(36)というおもしろい本を書かれた長谷川昇さんの経験談が小さな雑誌に出ていたのを見たのですが、ある博奕打ちの親分と話していたら、「この辺り一帯は、昔は全部俺の土地だったんだ」と言ったそうです。長谷川さんは、本当にこの人は大地主だったのかと思って、よくよく聞いてみたら、この辺り全部が昔は俺の縄張りだった、ということだそうです。そこから長谷川さんは、田畠、屋敷のような土地を所有する権利とは全然別の所有のあり方があることを示唆しておられます。

これは非常におもしろいことなので、この本のなかで言った境界領域は本来無主の場、無縁と言ってもいいのですが、そういう場所もやがて所有の対象になり始める。ところが田畠などの所有とはそのあり方が違いますし、表現も違うんですね。例えば、万歳場だとか万歳のつとめ場、檀那場《だんなば》とかいいます。乞食の場合も、縄張りの範囲が決まっていまして、やはり檀那場といわれています。それから斃牛《へいぎゅう》・斃馬《へいば》(37)の処理、これは江戸時代は被差別部落がやっている仕事ですけれども、この縄張りも檀那場といいます。この檀那場という場の捉え方が境界領域における所有のあり方なんだと思います。

それが国単位、郡単位にできるというのは、やはりもともと境界領域が天皇、将軍によって保証されており、国郡がその統治機構だったということ、先ほどの話に出たような〈公〉の場だったということが、このような形をとらせているわけです。したがって、この国郡という単位には、一つの実体があるわけです。

これは職人の職能の起源を語る伝説のなかに、天皇が出てくることなどにも絡むわけです。そういう実体をはっきりさせないでおいて、ただ「伝統的なものを利用しただけ」などという抽象的、観念的な説明で済ませてしまうのではなく、具体的に、相手の縄張りのなかに、こちらからズカズカ土足で踏み込んでいくような気持ちで立ち向かっていかなかったら、天皇をひっくり返すなどということは、絶対に不可能だろうと思います。

私は、〈公〉とか〈自由〉〈平和〉への希求は、もともと人間の本質につながる問題だと考えます。ですから、天皇が出てくる以前からの問題であることは言うまでもありません。話がとんでしまいますが、朝廷というのは、もともと広場なんですね。もともと〈朝〉、つまり「あした」の〈庭〉と書きます。庭というのはかなり大きな広場なんです。天皇がそこで直《じか》に官人や百姓に肉声で命令を下し語りかける、そうした肉声の届く範囲の広場が朝廷の原初的な形らしいのです。

天皇が現れる以前には、各地の首長に率いられた集団があるわけですが、その集団の広場も同じ機能を持っていたに違いないんです。

中世の地頭や地方の小領主の場合でも、裁判などをやるときは、やはりそういう広場でやっているんですね。その広場は本来、まさしく民衆自身の広場であるわけで、ギリシアやゲルマンの場合もそうした形になるのですが、日本の場合は、首長の庭という形が最初から出てくる。先ほどの公の問題と同じですね。

そういう意味で、歴史には天皇が現れる以前の問題があり、思想的には、より深く人間の本質に関わる問題からもう一度天皇を徹底的に相対化してみる必要があると考えて、こんなことを言っているわけです。

ところが、「原始以来」などと言ったものだから、原始以来天皇がいて、自由は全部天皇の保証のもとでしか成り立たなかったと網野は言っているという、曲解に満ち満ちた批判があるわけです。

それから質問者2の方がちょっと触れているように、私的な権力の圧力がかかってくると、それをはねのけるためには別の権力によりかからなくてはだめなのではないか、という批判もそれに結びついて出てきます。

この点はいろいろ議論があるのですが、私は、領主が人を私的に従者にしようとする動きと、なにか別の権力につながるとしても、それを拒否するという動きのなかには、私的な支配や所有とまったく異質なものが本質的にはあると思います。

ところが、それが日本の場合、天皇とか寺社の力を頼るということになりがちなのです。しかし、そういう私的支配を拒否した百姓の、天皇や寺社との結びつき方の質と、一方の領主が百姓を私的に隷属させて生ずる下人・所従の隷属の仕方とでは、確かに天皇、寺社、領主が全体として権力を組織してはいるけれども、質が違うと思います。それを中世史家の佐藤進一さんは、一方を〈統治権的支配〉、もう一方を〈私的主従制的支配〉というふうに、二元的な支配権に分けて考えていらっしゃいます[38]。

これは、私はたいへん本質的な指摘だと思います。もちろん統治権は支配者の権限になっているわけですが、こういう権限がなかったら支配者は支配を維持できないわけです。

ところが、この統治権的支配のもとになっているのが何かといえば、人間が求める真の意味の〈公〉、別の言い方をすれば〈自由〉を求める意志そのものなんですね。そういう力が人間のなかには必ず動いてやまない。だから私的な支配だけでは、絶対に人間を支配することはできない。

したがって中世国家の場合について言えば、これだけでは不十分かもしれませんが、主従制的支配だけでは国家を保ち得ないわけです。支配者の側から言えば、こうした〈公〉を求める人民の意志をどうしても取り込まざるを得ない。統治権的な支配権を支配者が持つ形になっているということは、いわば権力に対して民衆が打ち込んだ楔《くさび》、権力者の額につけた永遠に消えない傷のようなもので、何とかその矛盾をきれいにしようとして支配者は苦闘するわけですが、これは永久にできないことだと思います。統治権の淵源《えんげん》はもともと人民ですから。本質的に統治権を持っている者は、人民だと言える。

ところで、東国のほうでは頼朝がこの統治権をほとんど握っていた時期があるわけです。このことは本を書いたときにも頭のなかにあったのですが、あまり書きませんでした。しかし、私が「天皇主義者」であるとか「お前は天皇を美化するものだ」という反応があったものですから、真意を明らかにする意味で東国のほうをもっと強調しなくてはいけないと思って、別の仕事（『東と西の語る日本の歴史』。本書第一章参照）をしたわけです。

日本の場合、天皇が長い間続いているのは事実なんですね。確かに幻想に支えられているとも言えるし、イデオロギーには違いないんだけれども、これを観念のなかだけの問題にとどめておいたら、絶対に問題の本質を抉《えぐ》り出せないでしょう。

自分の肉を抉り出すようなつもりで一度抉ってみないと、天皇の問題を完全に払拭することは、日本人の場合、できないだろうと思います。

歴史家たちは割合あっさりと、「とにかく天皇が続いてきたということは、改めて言うまでもなく当たり前のことだ」なんて言うんですね。

続いたのは真実です。しかし、そのことを歯がみするような無念さをもって言うような気持ちが定着しなければ、天皇はいつまでたっても、改めて言うまでもなく続くだろう。

高名な歴史家がいともたやすくそんなことを話しているのを聞くと、やはりムカムカしてくる。そういう気持ちが、ときどきいろんなところで飛び出すものですから、いろいろ批判を受けたりするのです。

とにかく、天皇の一言で戦争が終わったということが、われわれには屈辱だと思います。それは仕方がないと言えばその通り、われわれにそれだけの力しかなかったんですから。しかし、やはりそういう屈辱感のようなものが、戦後、私のどこかに蓄積してきたものですから。その当時にすぐそう思っていれば、そういう人がたくさんいたら、こんなことにはなっていないでしょうからね。考えてみればみるほど、これほどの屈辱はないという気がするんです。これはなかなか若い方にはわかっていただけないところもあるようですし、私と同年前後の連中にもなかなか通じないようですが、ともかく私はそのように感じているわけです。

質問者4——この本を読んで、無縁から公界というところに入り込んでいくあたりは、何となくわかるのですが、それをずうっと辿っていくと原思想なんてところに入っていって、カッコして原無縁なんて言葉遣いをされると、なにかその辺のところがごまかされちゃうというような（笑）……。まあその辺のところがよくわからないので、もう少し詳しく教えていただきたいと思います。

次に、家の問題を追究していくときに、無主無縁の思想と有主有縁の思想というのが、裏腹に現れてくるとあります。また、私的所有は、無所有の原理に支えられて出てくるものだとおっしゃっていますが、裏腹に出てくるという現象と、支えられている現象がちょっと言葉として納得できないんですね。

もう一つは、公界者の存在を統治するものとして天皇があったというふうに先ほどおっしゃいましたが、天皇というのは、有縁の世界の権力者でもあったわけでしょう……。

もちろんそうです。

質問者4――そういうところでは、天皇は二面性を持っていたというふうに考えるわけですね?

ええ、二面性を持ったというより、持たざるを得ない。

質問者4――そうすると、そこにおいてなぜ、公界者と天皇が統治という形で結びつかなければならなかったのかということをもう少し詳しく教えてください。

山野河海・無主の場所のあり方とは

最後のご質問から申します。この前もちょっと申し上げたと思いますが、現実に日本の場合、山野《さんや》河海《かかい》のような一種の境界領域、無主の地帯というのは、律令国家が形成されて以降は、天皇の支配下に入る形になっているんですね。だから中世になっても、西国ではそこを自由に動き回ろうとすると、天皇の通行許可証をもらう必要があったということが、具体的に出てくるわけです。

これまであまりそういう史料が見つかっていなかったんですが、最近ではかなり見つかってきましたから、もう間違いないと言っていいと思います。

これは一般の田や畠の土地所有とは全然違う次元の支配権で、法律家は国家公権とも言いますが、そういう権限は日本の場合、律令制では天皇の権限になっているわけです。中世では、無主の山野河海は、古代に比べてずっと小さくなっているんですが、それでも西国の交通路は、明らかに天皇の支配権の下に入っているんです。通行許可証を出せるのは天皇なんですね。東は、頼朝だと思います。頼朝、鎌倉幕府の通行許可証がないと動けないわけです。

そういう無主の場所のあり方を、人類全体の歴史のなかで考えてみると、いろいろなあり方があって一様ではないけれども、王権の支配下に置かれることが多いですね。

日本の場合も、天皇の支配下、あるいは将軍の支配下に置かれるだけではなくて、ある場合には、その境界領域を管理している集団の自治的な支配下に入ることもある。先ほどの霞ヶ浦四十八津の場合にしても、この組織の霞ヶ浦に対する支配権は、統治権とは言えないにしても、それにつながるものだと思います。

もちろんこの権限は、確かに保証されているのだと思いますが、よくわからないんです。ただ江戸時代になってからは、江戸幕府が保証するようになることは確かですが、それ以前はどうなのか、よくわかりません。

無主の山や河は、律令制では「公私利を共《とも》にすべし」、つまり誰が入ってもいいということになっている。当たり前のことですが、本来はそうなんですね。日本の律令国家の場合には、そのことを天皇の支配権が保証するという形になっている。だから、天皇でなくてもいいわけで、将軍でもそういう機能は果たし得るし、実際に果たしています。近代以前と近代以後でも別の形で出てくることがあると思いますが、本来人民のなかにある公が、何かの権限によって代行されるという形をとらざるを得ないことが多い。他の民族でも、かなりの程度同じことが言えそうです。公界を往来するのは当然なことですが、そうした人たちが自分の遍歴生活を侵害された場合、それをどこかの権限に保証してもらおうとすると、結果的には天皇あるいは将軍になることが多いということです(39)。

〈原無縁〉と人間の本質

もう一つの問題〈原無縁〉は、私も苦しまぎれに出したようなところがあるものですから、ここに書いた以上のことはないのですが、自由、平和への希求は、人間の本質につながる問題なのだということを言いたかっただけのことなのです。そうなると、人間の本質とは何ぞや、という哲学上の問題にもなってしまいますが、歴史的に天皇が出てくるより前に人間がいたことは確かなのですから。

有縁、無縁にあまりこだわらないで考えていただければ、原始の人間の場合にも一種の縄張りはできるでしょうが、固定的な縄張りは、原始時代にはできないわけです。それを私たちの表現で言えば、有縁、無縁の未分化の時期は想定できるだろうし、実際、律令時代の社会でも法律上の建前はずいぶんきちんとしていますが、一般庶民の生活のなかでは、庶民自身の公が堂々とそのまま通っているような世界が広くあったと思います。

それから私的所有の問題ですが、だいたいあるものを私有すること自体が、本質的に不自然なところを持っているんだということを言いたかっただけです。もともと不自然なことだから、最初に「自然」なんだということを前提にしないと、不自然な「私有」は実現できない。そういうところに私的所有の持っている本質的な矛盾があるのだとご理解いただく以外にないと思います。

だからこそ、それをどうしたらいいのかという問題になると思いますが……。

所有の成立の仕方を辿ってみると、周辺の自然な状態にあるものからある別のものを区別する。その区別をするときには、これは絶対的なものの支配下にあるので、誰のものでもないのだということを強調する形でそれを自分のものにする。私有というのはそうしてできてくるわけです。

注連《しめ》をするということがありますね。注連を張ると、そこは神の土地になる。普通の日常、自然の状態とは違った一種の絶対的なものの下に置かれたものになる。こういうやり方で土地所有が始まるわけです。最初から俺のものだとは誰も言えない。それが長い経緯を経て、特定の人間の私有物になっていくということの持っている意味を明らかにする必要があります。これは、私などにできるわけはないんですよ。

まず経済学者がやらなければいけないはずだし、いろんな人がいろんな角度から追究しなかったらできるはずのない大問題なのです。

同じような問題で、例えば地代の問題もありますね。いままでは簡単に地代の搾取なんていわれているけれども、人の働いたものを他人があっさり持っていくなんてことは、そんなに簡単にできることではないはずです。実際、なぜ百姓は年貢を出すのか。これはまだわかっていないことなんですね。

いずれにしても、このようにきわめて不自然なことをやるときは、必ずそれを「自然」な論理でごまかす。つまり、一度「自然」な論理にすり替えなければならないわけです。

そこに先ほどと同じ問題があると思います。そうでもしなければ、人間が人間を支配するなんていう不自然なことは、本来的にはできるはずがないと思います。そのすり替え方から逆に、本当の「自然」を探り出していく必要があると思うんですね。

それはお前の確信であって、なにも証明されていないと言われればそれまでの話なのですが……。もちろん、きわめて不十分であるということは百も承知です。そうしたことを言いたかったわけです。

司会――『無縁・公界・楽』を初めて読んだとき、正直言って何を書いてあるのかわからないという感じでした。それはたぶん、いま先生がおっしゃった不自然なことが自然にやられてきて、私たちが疑問を持てないということが一つの大きな理由になっていると思います。

そして、二度目に読んだとき、歴史を見る目がまったく変わってしまうという感じを受けたんですが、いまのお話が、その辺のところとつながってくると思うのです。

抵抗・主張することの意味

例えば、いままでの歴史ですと、百姓・平民がいて、それが貧富に分解すると、一方はときによると奴隷所有者になり、ある場合には領主になる。別のときには資本家になる。非常にラフに言えば、実際にそういう経緯を辿ることはできるんです。ある共同体が分解すると、その一部は奴隷所有者になり、他の部分は奴隷になる。ここまではっきり分解する社会はないけれども。分解の結果、封建領主が現れると、百姓は農奴になる。資本家が現れると、労働者になるということになりますね。いままでのわれわれの歴史の図式は、大きく見るとこの分解の方向だけ見ているわけです。この方向が、歴史の進歩だ、歴史の発展だと理解しているのです。

それは事実なので、私は決してこういう見方を否定しているつもりはないのです。人間の支配の仕方から言ったら、生身の人間を物として支配するのが奴隷制で、これはいちばんわかりやすい。農奴がいちばんわかりにくいんだけれども、ある程度自立した人間を支配する仕方である。それから、自由な人間としての労働者に対する資本家の支配がくる。こういうふうに考えれば、この図式は、非常に抽象化された、人間の人間に対する所有・支配のあり方の発展の仕方をきわめてよく考えた見解だと思います。

いままではこうした所有・支配関係が成長することを進歩だと言ってきた。確かにそれは「進歩」「歴史の進行する方向」と言ってもよいけれども、それではあとに残った農民、平民、百姓はどうなるんだということになると、これはみな遅れたものになってしまうんです。日本の農民にしてもそうで、分解の遅れたところは、みな遅れた地域になる。また、分解し切っていない農民は、みな遅れた農民です。

しかし、実際に農民を研究してみますと、奴隷や農奴よりも、こういうタイプの農民のほうがずうっと多いわけです。おそらく、フランスだってドイツだって、地方に行けばそうだと思うのです。これを遅れた農民なんて言っていたら、民衆の立場に立つ歴史など書けるはずがないわけです。私も高校の教師をやっていたとき、分解の経緯を、こういう図式を書いて一生懸命教えてきたわけです。

しかし、分解したがらない農民は、いつでもいるわけです。しかも、この農民は自分の自立した立場、自由を保とうとして、もう一つ上の天皇や寺社の権威に頼って、自分は公民なのだという意識で領主に抵抗する。この抵抗をどう評価するのか。

つまり、分解の方向が進歩なのか、それともこういう分解に対して「自分たちは自由の民だ」と言って抵抗することが歴史の進歩なのか、これが悩みの種だったのです。

歴史は、とにかくこの方向に否応なしに先に進んで行くのは、動かしようのないことなので、それを否定する気はもちろんないのだけれども、やはり、領主が百姓を下人にしようとするとき、それに抵抗する、そのことの持っている大切さを十分に考えておかないと、歴史を本当に全体として捉えることはできないんじゃないかということを考え始めたのが、この本ができる原点かもしれません。さっきの霞ヶ浦の話が、その一つになるのです。だから、進歩ということの意味を、われわれ自身がよほど考え抜いておかないと、たいへんなことになる。現代では、そういう問題は多少ともわかりやすくなってきてはいると思いますが。核の問題でも、公害の問題でもそうでしょう。

つい昨日、NHKテレビで、野菜を作っている状況を見ましたが、あれは嫌になるくらい自然が管理されている。あれに「勝てるか」なんて言われたって、とうてい勝てないって思いますよ。毎日食っている野菜が、ああやって作られているのかと思うと。とにかく「ハナアブ」を一かたまり五百円で売って、花の交配をさせる。それが商売として十分に成り立っている。私は昔、虫捕りが好きだったせいもあるのか、アブというのは、とてものどかな感じのする虫だと思うんですね。それがあんなに大量に「生産」されるのを見て、もう嫌になっちゃったですね。しかも、その野菜を食ってるんですから。

それだけの技術を持っている相手に、われわれはいったいどうしたら人間らしく正面から立ち向かえるかという問題ですね。これは「無縁では勝てない」なんて言うけれども、もちろん勝てっこないですよ（笑）。ただ、そういう気持ちをそれぞれが持って、他人の目でものを見たり、他人の頭で考えたりするのではなくて、自分自身の目で現実を見据えて、人間としてまともに、誠実に生きていくということが、やはり大前提なんじゃないかと思います。それで本当におかしいと思ったことは、殺されても「おかしい」と言い続けるぐらいの気持ちをそれぞれの人間がみな持ち始めたら、私は世の中が変わると思います。それがなさすぎるような気がします。

註

(1) 網野善彦『日本中世の民衆像』(岩波新書、一九八〇年)。
(2) 網野善彦『無縁・公界・楽——日本中世の自由と平和』(平凡社、一九七八年/平凡社ライブラリー、一九九六年)。
(3) **縁切寺** 江戸時代に妻が駆け込んで、一定期間在寺すれば離婚の効果が生じた寺。駆込寺ともいう。当時、庶民の間では、離婚は原則として夫が妻に離縁状を渡すことによって行われ、妻から夫を離婚する道は開かれていなかった。この制度は、戦国時代におけるアジール(犯罪人などが過酷な侵害から逃れるために、逃げ込んで保護を受ける場所)の制の残存と考えられる。おそらく、江戸時代前半期、尼寺には縁切寺としての機能があったものと思われるが、後半期になると、幕府領では縁切寺としては、徳川氏に特別の縁故の深い相模国（神奈川県）鎌倉の東慶寺と、上野国（群馬県）新田郡の満徳寺だけに限られることになった。

（4）**東慶寺**　神奈川県鎌倉市にある臨済宗円覚寺派の寺。山号は松岡山。鎌倉尼五山の一。開創は弘安八（一二八五）年、開山は北条時宗の妻覚山尼。覚山尼の定めた「縁切寺法」により、離縁を望む女人救済の寺として、特に江戸時代は縁切寺・駆込寺として知られた。明治三六（一九〇三）年から僧寺。松ヶ岡御所。

（5）**無縁所**　寺への駆け込みによって、世俗の権力や権利義務関係からも絶縁するという「無縁」の原理に支えられ、しかも不入の権とあいまって、室町時代から戦国時代にかけて諸国に普及し、分国大名の菩提寺などが「無縁所」としてアジールの特権を与えられた。

（6）**元号法制化**　戦後長い間元号は法的根拠を持たない慣習上のものにすぎなかった。しかし、日本に伝統的に用いられてきた元号を法律上認知し、それに正式の位置づけを与えよとの声が高まり、一九七九年に元号法が制定された。これは、元号は政令で定めること、元号は皇位の継承があった場合に限り改めるとの一世一元の制度をとること、昭和の元号はすでに定められたものとみなすことを定めているが、元号の使用を国民に強制する意味を持つものではない。

（7）**靖国神社法案**　昭和四四年、自民党は、国営化を目指す靖国神社法案を国会に提出した。四九年、反対運動の高まりに直面して、衆議院通過後に廃案となった。

（8）**内務班**　旧日本陸軍における兵営内の起居の単位。中隊ごとに下士官を班長として編制され、戦時編制の下では小隊となる。普通、二〇～三〇人の兵士が集団生活を行った。「私的制裁」という名の、下士官や古参兵による無法な暴力が横行し、暴力と厳格な規律とを通じて兵士を軍隊内秩序に強制的に同化させる場となっていた。

（9）**講座派**　野呂栄太郎を中心に編集され一九三二（昭和七）年から三三年にかけて岩波書店から刊行された『日本資本主義発達史講座』の説を信奉する理論家集団をいう。日本資本主義の構造的特質をその軍事的半封建的特殊性に求め、特に絶対主義的天皇制と半封建的土地所有制の役割を強調するのが講座派理論の特徴である。そのような日本資本主義論は『講座』刊行前から、野呂栄太郎などの日本共産党系の理論家によって主張されていたが、『講座』特に山田盛太郎、平野義太郎の論稿は、それを全面的に展開・深化させたものであって、日本の社会科学全体に強い影響を与えた。

（10）**労農派**　日本共産党およびその上部組織コミンテルンの現状分析や政治路線を批判し続けた社会主義者のグループであり、その名称は、一九二七（昭和二）年十二月に創刊した雑誌『労農』に由来する。共産党と直接間接に結びついていた講座派と違って、労農派は特定の政治組織との結びつきをもたないルーズなグループであり、その結束は固いものではなかった。

（11）**漁業制度改革**　昭和二四（一九四九）年、新漁業法によって、明治末期以来続いていた旧来の漁業の制度が廃止され、漁場占有利用関係の基本的秩序が大きく改められたことをいう。

（12）**歴史学研究会**　一九三二年に結成された歴史学の民間における研究団体。三三年十一月には機関誌『歴史学研究』を創刊した。以後学界に新しい刺激を与え、平泉澄らの皇国史観に対抗しつつ幅広い研究との交歓の場となっていったが、戦局の激化と統制の強化のため四四年には活動を停止し、機関誌も休刊した。一九四六年活動を再開。歴史学と歴史教育の分離に反対し、科学的真理の尊重と、人民と学問研究の結合を主唱して、戦後の歴史学会をリードした。

(13) **山村工作隊** 一九五二(昭和二七)年日本共産党が山村地帯に「遊撃隊」を作る目的で行った組織活動。

(14) 網野善彦「霞ヶ浦四十八津と御留川」(『歴史学研究』一九二号、一九五六年)。

(15) 網野善彦『中世荘園の様相』(塙書房、一九六六年)。

(16) **鋳物師** 銅、鉄を材料としておもに生活用具を鋳造する職人。その技術は、金属加工の導入された前三世紀には、鍛造(打物、鍛冶)と並んで始められていて、やがて鏡作、金仏工といった工人が生まれた。古代末期の十二世紀には需要の増加によって、鋳物師が鍛冶(打物師)とともに職人として専業化した。おもに鋳物師は鍋、釜といった生活用具や鍬、鋤といった農耕具を生産していた。多く集団で生産し、その製品を販売していた。中世の特産地は河内の丹南、大和の下田、京の三条、播磨の野里、能登の中居、相模の鎌倉、下野の天明などで、なかには座としての特権を持っていたものもあった。

(17) **真継家** 蔵人所御蔵小舎人の地位を世襲し、全国の鋳物師を統轄した公家。斎部姓を名のり、中世の鋳物師関係の文書を多く伝えている。

(18) 網野善彦『日本の歴史一〇 蒙古襲来』(小学館、一九七四年/小学館文庫、二〇〇〇年)。

(19) 滝川政次郎『日本社会史』(刀江書院、一九二九年)。

(20) 中村吉治『日本社会史概論』(碓氷書房、一九四八年)、中村吉治『日本社会史』(有斐閣、一九五二年)。

(21) 網野善彦「霞ヶ浦四十八津と御留川」(前出、注(14)参照)。

(22) **地先湖** その土地から先へつながっている湖。じさき。

(23) **水戸藩** 常陸国(茨城県)水戸を本拠にした徳川親藩で、尾張《おわり》・紀伊とともに御三家の一つ。一六〇九(慶長九)年第十一子頼房が二十五万石の城主となったのに始まる。三代藩主綱条時代から三十五万石を公称した。二代藩主光圀は『大日本史』の編纂のため多くの学者を集め、また文化事業をおこして、独特の教学=水戸学のもとを開いた。

(24) 網野善彦「海民の社会と歴史(二)」(『社会史研究』二号、一九八三年)。

(25) **北条泰時** (一一八三~一二四二年) 鎌倉時代の武将。北条義時の長男。三代執権となり、連署や評定衆の新設による合議制や貞永元年の「御成敗式目」の制定で執権政治を確立した。

(26) 笠松宏至『徳政令――中世の法と慣習』(岩波新書、一九八三年)。

(27) **喜捨** 貧乏な人や寺社に喜んで物を与えること。

(28) **行基** (六六八~七四九年) 飛鳥奈良時代の僧。和泉(大阪府)の人。義淵《ぎいん》、道昭に法相を学ぶ。各地で布教の傍ら架橋、築堤、池溝開削、布施屋の設置などにつくして多数の信者を得、菩薩とあがめられる。その活動は百姓をまどわすとして一時禁圧されるが、聖武天皇の帰依をうけ、天平一五(七四三)年東大寺大仏造営の勧進を行い、一七年わが国初の大僧正となった。

(29) **下人** 平安時代以降の隷属民の身分呼称。平安期王朝貴族の下級役人以下庶民一般を指す呼称として用いられた。その場合、必ずしも特定の人に人身的に従属する者を指してはいなかったが、鎌倉期には売買、相続の対象となる奴隷身分呼称として「所従」とともに多く使われるようになった。

(30) **所従** 中世の隷属民の身分呼称。「従者」と同じく「従う所の者」という意味。女性の場合「従女」などと呼ばれることもある。鎌倉幕府法では、地頭に隷属している者を「所従」、一般百姓に隷属している者を「下人」と区別して用いた場合もあるが、一般的には「所従」は「下人」と同じく相伝・売買の対象となる奴隷身分と考えられる。

(31) **「遊行上人縁起絵」** 第五章参照。なおこのときは講演前に「一遍聖絵」と「遊行上人縁起絵」を見せ、説明を加えていた。前者では僧、非人、百姓、男女が食事を共にしているが、後に描かれた後者では同じ身分ごとの集団で描かれている。

(32) **帷子** 公家の衣服の場合は、布製(植物性の繊維で織ったもの)の単仕立ての下着。近世以降の小袖の場合は、布製の単物の着物のこと。

(33) 勝俣鎮夫『一揆』(岩波新書、一九八二年)。

(34) 網野善彦『異形の王権』(平凡社、一九八六年/平凡社ライブラリー、一九九三年)。

(35) **千秋万歳** 正月の門付祝福芸。基本的には太夫と才蔵の二人一組で、一般的に太夫は烏帽子に素袍《すおう》で扇を持ち、才蔵は門付には大黒頭巾に裁着袴《たつつけばかま》、座敷の場合は格式を尊び侍烏帽子などに素袍で鼓を持つ。二人の掛合で口調身ぶりも軽快に万歳独特の寿詞《ことほぎ》を唱え、のちに余興にくだけた万歳を演じる。第二次世界大戦以前まではよく見られた。鎌倉時代には散所の僧形神人の職能であった。

(36) 長谷川昇『博徒と自由民権——名古屋事件始末記』(中公新書、一九七七年/平凡社ライブラリー、一九九五年)。
(37) **斃牛・斃馬** 倒れ死んだ牛・馬。
(38) 佐藤進一「室町幕府論」(『岩波講座日本歴史 中世3』岩波書店、一九六三年、佐藤進一『日本中世史論集』岩波書店、一九九〇年)。
(39) 網野善彦『日本中世の非農業民と天皇』(岩波書店、一九八四年)。

第三章　新たな視点から描く日本社会の歴史

一九八四年十二月一日　藤沢市・遊行寺

私はいまちょうど必要がありまして、通史、といいましても前近代まででたぶん終わると思いますが、日本の通史を書いております。(1)必要と申しますのは、私の友人でアンデスのことを研究している、文化人類学者の増田義郎さんという人がおります。その増田さんが南米ペルーのカトリカ大学というところで日本史の概説書を出したいという企画があるから、これを引き受けないか、という話を私のところへ持ち込んできたわけです。

ペルーはスペイン語ですね。スペイン語の人口というのはきわめて数が多く、三億人以上いるのだそうですが、まだスペイン語の日本史というのは一つもないのだそうです。この際スペイン語の日本史を考えてくれないかということで、一度ペルーに行ってみると、否応なしにやらされることになってしまいました。ただ、到底一人ではできないので、若い方々に何人かお手伝いしていただくということでお引き受けしました。しかし、若い方にお願いするといっても、結局私が責任を持たなくてはいけない。現在私は、神奈川大学の短大で歴史学という概説をやらされておりますので、それにかこつけて、原稿を作りながら概説をしゃべっているわけです。二年かかって平安時代の中頃までようやく到達したような状態で、ペルーの大学から遅れていると大分お叱りを受けております。どこかでちゃんとやらなくてはいけないのですが、なかなかうまくいかないのが現状であります。

そういうことで、まったくの専門外ではありますが、原始時代からずっとやらなくてはいけない。ただ、私は高等学校で一〇年以上教えておりましたので、そのときの経験をもう一度思い起こしながら、最近の学説を一所懸命に勉強して、何とか筋道をつけながら仕事をしている最中であります。私はどちらかというと古い時代に興味があるので、高等学校で教えていたときは、最初のほうでたくさんしゃべってしまって、現代があまりしゃべれなくて、よく生徒から文句を言われた記憶があります。

そういうことでやっておりまして、原始・古代の社会の問題について素人なりに気づいたことが逆にありまして、それを古代史の専門家にいろいろ伺ってみるわけですが、なかなか解決のつかない問題がたくさんあるように思われます。そういう意味では、私が疑問を持っていろいろ伺っていくうちで、解決のついた問題となかなか解決のつかない問題を合わせて、今日は少しお話しして、いろいろ教えていただきたいと思っております。

日本人とインディオの共通点

この概説書をやるときに、実現できるかどうかは別にして、これまでの概説に多少新しく加えてみたいと考えましたことがだいたい三点あります。

一つは、当然のことではありますが、日本民族あるいは日本の国家といったものは、日本史の最初から存在したものではなく、歴史的に形成されてきたものだ、ということを特に念頭に置いて考えていくことにしたいという点です。

よく、「日本人の祖先はどういう人々か?」というような疑問が発せられます。学校で教えていたときにもしばしばそういう質問にぶつかったことがありますが、現在でもそういう問題には非常に関心が高いように思われます。しかし、私はどうもこの発想そのものに問題があるように思えます。もしそれに対して答えを出すのならば、日本人の祖先は世界の人類そのものである、という答えにならない答えが出るのがいちばん自然であり、日本人の祖先が日本列島に最初からいたかのごとく考える考え方そのものをまず取り払う必要があるのではないか、と思うわけです。

たまたまペルーに行きましたので、そのときの経験を申し上げます。ペルーの博物館でいろいろ土器を見てきたのですが、インカ帝国[2]以前、紀元前後くらいだったと思いますが、土器の表面に、人間の顔を非常にリアルに表現する文化があります。その土器がずらっと並んでいるのを眺めておりましたら、インディオの首長の顔がいちばん多いなかで、明らかに黒人の顔がある。解説には黒人だとはっきり書いてありました。

このことを考えてみても、おそらくわれわれの知らない大西洋を越えた交流のようなものが、紀元前後すでにあったと考えざるを得ない。それと同時に最もびっくりしたのが、ハポネス、つまり「日本人？」と疑問符を打ってある土器が並んでいたことです。さすがに断定はしていないのですが、土器の顔を見ると確かに日本人に見えてもちっともおかしくない。少なくともインディオとは完全に異質の顔でありました。また、太平洋方面のインディオの神話のなかに、白い人が海を渡って来たという伝説があるそうですが、こういう人の移動はずいぶん昔からあり得ただろうと思います。もちろん、例外的といえば例外的であります。そういうことを考えてみますと、われわれが文献でわかっている人の移動というものは、ごくごく限られたものでしかないということ、つまり世界の人間の動きとその広大さに気がつくわけです。

　ペルーではクスコ[3]というところにも行きました。クスコはインカ帝国の首都であっただけに、その辺りにいるインディオにはたいへん意気軒昂としている人が多い。スペインに征服された結果できたリマという町のインディオに比べると全然雰囲気が違います。案内をしてくれたインディオ出身の人が、私が日本人だと言ったら突然握手を求めてきて、「お前と俺とは先祖が同じだ」と言うんです。「お前たち日本人には、赤ん坊の頃お尻に青いアザがあるだろう。あれは俺たちも持っている。また、お前たちは赤ん坊をおんぶするだろう。俺たちもおんぶする。だからお前と俺とは先祖が同じだ」と。私はたいへんおもしろかった。というか、なるほどなあと思いました。たぶんどこかの学者から聞いたのだと思いますが、確かにおぶうという習慣は、どうも世界のどこにでもあるものではないようです。

このことを増田さんに尋ねてみたところ、それはなかなか鋭いことを言っている、と話しておられました。つまり、かつてベーリング海峡が陸続きであった時代に、インディオはアジア大陸から渡って行って、長年の間についに南米の最末端まで到達するわけですが、その流れと日本列島に入ってきた人の流れとはどこかでつながりがある。どこでどうつながりがあるかわかりませんが、そういうことが考えられる。そうなりますと、「日本人の祖先は?」という発想そのものに、なにか特殊な日本的なものがあるのではないか、ということも考える必要がある。

現在、われわれは日本人という同じ集団のなかにいるわけですが、例えば前近代の問題で申しますと、秀吉の朝鮮に対する出兵侵略(4)については、少なくとも沖縄や北海道に住んでいた日本人にとっては、なんの責任もない問題であるわけです。そのような意味からも、日本列島が大陸と陸続きであった時代も含めて、世界の人類の歴史のなかで、日本民族と言えるような一つの人間の集団が、いつ頃どういうふうに形成されてきたか、ということをできるだけ突き放して考えていきたいと思っております。

このことが、実際に書いたものに実現できるかといいますと、これはなかなかできないことです。しかし、少なくともそういう気持ちを持ちながらやってみたい。それが第一であります。

「農民」と「非農業民」

もう一つは、日本社会は最初から、少なくとも稲作が渡ってきてからが農業社会である、というような考え方を、できるだけ取り払って日本の社会を考えていくことにしてみたいということです(5)。

この考え方はきわめて根強いものがありまして、今日お配りいただいた高校の歴史教科書(山川出版)を見ましても、律令国家成立の段階から「農民の負担」という言葉が出てきます。こういう言葉の流れのなかで、例えば「農奴」というような言葉が出てきます。「農奴」という言葉は、教科書などには別の〝教科書的な配慮〟からあまり使われておりませんが、歴史家の間では非常に広く使われている言葉です。日本語の「農奴」は完全に翻訳語でありますが、slave(スレイブ)という言葉にしろ、ドイツ語の Hörige(ヘーリゲ)

あるいは、Leibeigene（ライプアイゲネ）という言葉にしろ、これらには「農」という意味はありません。「隷属民」と訳すほうが自然な言葉です。それを何で「農奴」というふうに日本の学者が訳しているのか、そのこと自体にやはり日本人の「農」に対する執着というか固執のようなものがある、と私には思えるわけです。

私は漁業のことを一所懸命にやっておりますが、漁民の場合にもいまの「農奴」と呼ばれている人々と同様の状況にある人が現れる。そういう人をいったい何というのか。「漁《ぎょ》奴《ど》」というのか「海奴《かいど》」というのか……。そんな言葉は、実際日本語として通用しない。ただ、羽原又吉《はばらゆうきち》さんという漁業史を新しく開拓なさった先生は、やむなくでしょうが、何ヶ所か「漁奴」という言葉を使っておられます。しかし、これは学会のなかでは定着しておりません。けれども、日本の社会のなかで現実に漁民の占める位置を考えますと、「農奴」という言葉が歴史家の間で使われていたことが、歴史家の目を海から離しているかなり大きな要因になっているような気さえ私はしてきます。

実際にそういう状況がありますので、私はあえて「非農業民」という多少妙な言葉を使ってみたわけです。あの言葉はいろいろご批判を受けておりますが、しかし、律令国家の成立という段階で「農民」という言葉が使われますと、やはりあえて「非農業民」ということを、どうしても言いたくなってくるのです。

私は厳密な意味で「農民」「漁民」という言葉が使われるようになるのは、意外に新しいことではないかと考えております。後でもちょっと申し上げますが、律令国家の時期に「農民」と呼ばれている人々を、すべてわれわれの知っているような、江戸時代以降の「農民」と同じように考えるとすると、最初からたいへんな偏りを持った歴史の見方をしてしまうことになるのではないかと思います。といいますのは、ここで「農民」と呼ばれている人々が、租《そ》・庸《よう》・調《ちょう》といった形で負担しているものを調べてみますと、厳密な意味での「農民」なら到底負担できるはずのない、さまざまなものを納めているのです。鉄だとか織物はもちろんですが、調の内容には非常に多様なものが含まれている。そうしますと、こうした負担者を直ちに「農民」と言ってしまっていいのかどうか。むしろこの場合には「百姓」という言い方、あるいは「領民」とか「公民」という言葉のほうがまだよろしいかと思います。

あとあとまで同じように考えたいと思って概説を書くときには、この時代からあえて「平民」という言葉を使ってみようと思っております。この言葉には別に産業の色合いはないようであります。

私は日本で農村・山村あるいは商工業者の集住する都市というものを、本当にはっきり分離できるようになるのは、室町時代以降だと考えます。そうなりますと、それ以前の

「農民」は、農業をやりながら鉄を生産している人もいれば、織物を織ることに主たる労力を注いでいる人、あるいは紙を作っている人もいる、ということになります。したがって、いちいち「半農」「半紙」というような言葉を使わざるを得なくなりますが、それは、そもそも「農民」という言葉を最初から使うような発想からいまのようなケースが出てくるわけです。ですから、日本の社会のなかで農業の持っている重要な位置づけを本当の意味で明らかにしていくためにも、日本の社会にとって重要な比重を持った、農業以外の生産のあり方を十二分に評価しなければならない。そのためにも、われわれはまずその用語から検討してみる必要があるのではないか、と考えております。いままでの固定観念から離れて、そういう角度から日本の歴史を考え直してみてはどうだろうか。これが二番目に考えていることです。

縄文時代の障害者と差別

三番目は、ほとんど半分以上は不可能に近いことではありますが、成年男子以外の、あるいは成年男子で五体満足な人間以外の人々の歴史、つまり老人・子ども・女性・身体障害者あるいは病気の人々、そういう人々のあり方をできるだけ取り上げて考えてみたいということです。いままでの概説がすべてこのような観点が落ちていたというわけでは決してございません。いままでの概説のなかで、そういう観点から学ぶべきものはたくさんあるわけですが、しかしそういう視点を最初から立てて考えてまいりませんと、日本の歴史全体を総体として考えるということにはならないと思います。

最近、東大出版会から『講座日本歴史』という本が二冊出ております。急いで読んだなかで、考古学のところが私にはとてもおもしろいと思われました。そのなかでも、一つ非常に目についたと言いますか、いままでもそらでお話しできるようなことがありました。それは、縄文時代の平均余命に関して、鈴木公雄さんがお書きになっている論文（『講座日本歴史』1所収「日本の新石器時代」(6)）であります。

縄文時代については、最近の岩波新書に、コンピューターで最新の数学の推定技術を使って縄文時代のことを考える、という本も出ております。この鈴木さんが、小林和正さんの論文を引用して(7)縄文期の年齢を書いています。例えば、零歳の平均余命を推定した数が出ております。いくつだと思いますか。私はこれを読んだとき愕然としてしまいました。一四・六歳と書いてあります。それから一五歳のときの平均余命が男一六・一歳、女一六・三歳なのです。ですから、一五歳生きた男女とも、平均すると三〇歳を過ぎる頃に死んでしまう。やはり途轍もない厳しい条件のなかにあったということでありまして、ただ三〇歳を過ぎると割合生き延びる（笑）。

　これはたいへんおもしろかったです。小林和正さんの論文というのはいろいろ出ているようですが、本当に不勉強でありまして、いままで気がつかなかったのです。鈴木公雄さんの論文のなかで、障害者への配慮という項がありまして、口蓋裂[8]で生まれた女性が三〇歳以上の命を保っていた。また、ポリオ[9]に侵されていたらしい人の骨を調べたところ、やはりある程度の年齢まで生き延びていたという事例が挙がっております。さらに、ネアンデルタール人[10]ですらそういうことがある。出生時から障害と骨折で歩行困難となり、右手左足が使用できなかったにもかかわらず、四〇歳まで生きたという事例もあります。

　そのことは、人間の命というものが、障害や病気を持った人たちも含めていかに大切にされていたかということ、そしてきわめて厳しい自然条件のなかでの人間社会では、そういう差別のようなものは存在する余地がなかったということが、逆にこれからはっきり言えるであろうということを、この方は書いておられます。

　そういう問題を含め、日本の社会のなかでさまざまな差別の問題が、どういうふうに発生してくるのか。これは最近研究が進んでおりまして、いままでの研究からずいぶんいろいろなことを学ぶことができるのです。さらに、非常に難しい問題であるためいままでの概説のなかにあまり現れてはいませんが、家族という血縁集団あるいは地縁集団の、日本社会におけるあり方についての問題まで含めてみたら、おのずからいまのような問題は出てくるわけであります。そういう観点もできるだけ取り入れながら、先ほどのような意味で視点を少し広げて考えてみたいと思っております。

これは希望でありまして、現実には私の不勉強、力不足のためにすべて実現できるものとは到底思っておりませんが、少なくともそういう努力の跡だけは残るようにやってみたいと思っています。

縄文は「日本」独自の文化か

縄文時代に関しましては、最近ではずいぶんいろいろな研究が進んできているようです。私が名古屋大学におりましたときにいっしょでした渡辺誠さんという、縄文時代の漁撈採集に関する専門家がおいでになりました。その方の発表された『縄文時代の知識』[11]という本や、あるいはその方から教えていただいたことでたいへん重要だと思われることを一つ、二つご紹介したいと思います。

縄文時代の生活というのは、非常に厳しいものだったわけで、例えば『絵で見る日本の歴史』などという本を見ますと、獣の皮で作った着物を着た人が出てくるわけです。

これに関しまして、渡辺誠さんが最近お書きになったことでたいへんおもしろいと思ったことがあります。彼は縄文時代の生活では採集と漁撈が非常に重要な意味を持っている、ということを強調しておられます。これまで考えられていた以上に、漁撈や木の実の採集技術というのは、限界に近いくらいまで進んでいた。いまでも縄文時代の技術のままドングリあるいはトチノミで餅のようなものを作っている地方があります。そういう採集生活では当然、採った木の実を運ぶ容器が要ります。土器ではなく繊維を編んだ容器がたくさん作られるわけです。そして、現在新潟あたりで使われている、ものを入れて背負う容器の繊維の編み方と、縄文時代の土器の圧痕に出てくる編み方とまったく同じだという事例が以前報告されております。それと、特に最近書かれたもので、ここは藤沢で時宗《じしゅう》(12)と関係があるので申し上げますが、時宗の僧侶の着る編衣《あんぎん》(13)というのは、縄文時代の織物の編み方とまったく同じです。渡辺さんは時宗のお寺をかなり回られて、編衣の資料を収集なさっておられるのですが、それと土器についている織物の圧痕とを比較されまして、まったく同じだという結論を最近得られたようです。これは、間もなく本格的な論文として出るだろうと思います。それを時宗の僧侶が、最も原始的な伝統を持った編衣をなぜ今でも着るのか、ということも問題として出しておられます。確かに、これは考えてみなければならない重要な問題に、あるいはつながるかもしれないと私は考えています。

ですから渡辺さんは、縄文人は獣の皮で作った着物を着て、半分裸で生活していた、というような見方では、縄文時代を本当には理解できないということを言っておられます。

それともう一つ、第一回の講演でもお話ししたことだと思いますが（第一章中の「東日本と西日本の大きな相違点」の項参照）、これもかねがね疑問を持っておりまして、縄文文化とは日本列島に孤立した文化だと私は聞いておりましたし、私が学校で教えていたときには日本列島特有の新石器文化ということを教えておりました。しかし、考えてみると、これはたいへんおかしい。対馬と朝鮮、あるいは北海道と樺太、あるいは樺太と沿海州あたりの距離の問題を考えてみましょう。どうして九州から対馬まで縄文文化が渡って、対馬から朝鮮までは渡らないのか。たいへん疑問を持って考古学の方に聞いてみたわけです。しかし、それはそうなのだからしようがないというような答えをあっさり受けまして、退却せざるを得なかったこともあったわけです。

これについても、渡辺誠さんがたいへんおもしろい研究をなさっています。これは宣伝になりますが、『列島の文化史』（日本エディタースクール出版部）という雑誌を、私と塚本学さんと坪井洋文さんとで編集しておりますが、その第二号にお書きいただくことになりました。

考古学会での評価は私にはわかりませんが、かなり画期的な研究のように思います。それは端的に言いまして、九州の縄文前期の曾畑式土器(14)を伴っている漁撈文化が、朝鮮半島の漁撈文化とどうも不可分の関係にありそうだということです。特に、九州で特別な結合釣り針、これは今度の論文に図版をたくさん入れていらっしゃいますので、ご参照いただければと思います。それから、石鋸を用いた銛《もり》を使っている漁撈文化が、朝鮮半島の南辺および東辺・西北九州・瀬戸内海中部・山陰に広く分布していることを詳細に論文で書いておられます。漁撈民の場合、網を使う漁撈民は内湾性の漁業をしておりまして、これはずっと後までそうであります。それに対し、針あるいは銛を用いる漁撈民はかなり外海に向かって行くわけです。したがって、縄文の前期から朝鮮半島の漁撈民と、日本列島の漁撈民との間に緊密な交流があったことになります。日本列島の内だけで縄文文化が完結しているはずはないのですから、私はこの考え方のほうがはるかに自然であると思います。

私も日本海、あるいは朝鮮海峡・対馬海峡を通じた漁撈民の活動があったに相違ないと前々から思っておりましたが、渡辺誠さんが最近韓国においでになって、あちらの遺跡をお調べになってきた上での結論でして、私はたいへんおもしろい話だと思っております。しかも、非常に興味深いことは、この文化が東日本の漁撈民の文化から入ってくる抜歯の風習をまったく受け容れていないのです。抜歯の風習とは、日本列島の漁撈民に広く分布している風習でありまして、成年式のときに歯を抜くことです。

いま申しましたように、西日本全部ではありませんが、西日本のかなり広い地域にわたって分布している漁撈民の文化が、抜歯を含む東日本型の漁撈民の文化、あるいはその他採集民の文化に拒絶反応を持っているとの指摘があります。このことは、『縄文時代の知識』という最近出た本のなかで渡辺誠さんが概説的にお書きになっているところでも若干触れられています。そして、このことも第一回の講演でもお話ししたと思うのですが、後の東日本と西日本の文化のかなり根底にある相違——東日本と西日本だけに分けることは決してできないので、もっと細かく考えなければいけないと思いますが——と大雑把に言いますと、無関係どころか、非常に深い関係があるというのが渡辺さんの主張であります。また、縄文時代前期から始まっている漁撈民による海を通じての交流が、縄文時代の後期までずっと続いており、実は水稲耕作の技術はこのルートで縄文時代に西九州に入ってきた、ということも指摘されています。

そうなりますと、これは次の弥生の文化にまで当然影響を与えていくわけでありまして、弥生文化のさまざまな文化要素のなかで、水稲耕作がこのルートにのって入ってきたとすれば、弥生文化が東進してきて、一旦その東進が停止する時期が確実にある。この問題もいまのようなことを前提に置くと、もうちょっと根底から理解し直すことができるという印象を持っているわけです。

渡辺さんが明らかにされたのは、最も可能性の高い日本海・朝鮮海峡・対馬海峡、あるいは瀬戸内海を通じての漁撈民の交流であります。こういう議論が出てまいりますと、これから後、東北地方を含めた北のほう、あるいはもっと南の沖縄から太平洋岸を通じての文化の広がりの問題も、縄文時代から考え直す道がおそらく開けてくるのではないかと考えるわけです。その意味でも、日本の歴史を考える上で縄文時代の日本列島が島国だから孤立していたという見方は、最初から長い間偏りを与えていたと思います。そして、それについての一角が当然ながら崩れたという感じを持つわけです。

土器からわかる婚姻の形

最近は登呂遺跡⑮についてもシンポジウムがなされていて、そのなかでかなり新しい考え方が出始めています。まだいろんな議論があるだろうと思うので、これは簡単には決まらないと思うのですが、最近の考古学の発達は水田遺跡についてものすごく広い範囲に精密な発掘がなされておりまして、だんだんその成果が統合されている段階であります。

これもまた人の意見の紹介でありますが、弥生文化に関しまして、たいへん示唆に富む研究があります。これは都出比呂志さんの研究でありまして、『日本女性史』という東大出版会から出ている本のなかに考古学に関して書かれた論文「原始土器と女性」[16]です。

お読みになった方もおいでになると思いますが、土器の様式を細かく調べていきますと、ある様式の時代がはっきりわかる。そこで近畿地方の土器の様式を細かく調べますと、土器の動いている範囲はそんなに広くないらしいのです。これまでのいろんな原始社会の研究から見て、土器を作ったのは女性だとなる。そうなりますと、ここから婚姻圏を考えていくことができます。つまり、ある技術を持った女性が結婚して別の集落に移ると、当然、その技術はその別の集落に移ることになる。反対に女性のところに男性が通ってくるという婚姻形態では、女性の作っているある特有の技術というのは、そう広がらないと思います。だから婚姻の形態まで考えることができるのではないかということです。

いままでの日本の家族のあり方は、割合早くから日本の社会には家父長制が確立したという考え方が強かったのです。しかしそれに対して高群逸枝《たかむれいつえ》さんは、決して日本の社会には家父長制がそんなに早くから確立していたのではなく、少なくとも鎌倉時代までは母系制が非常に強い力を持っていたという主張をされています[17]。家父長一本槍で考えることに対する強い疑問が提起されていることはご承知の通りだと思います。

高群さんの仕事は歴史家のなかでは孤立した状態に相当長期間置かれておりましたが、最近ようやく家族史についての研究が新しい観点から活発にされるようになってまいりました。父系制でも母系制でもない双系制、双系的な家族と考えられるようになってきました。これは立ち入って考えますと、なかなか難しい問題があり、私にはよくわからない点もあるのですが。母系制だと当然女性のほうに男性が移ってくる。父系制だと男のほうに女性が移るということがあるわけですが、それはどちらと決まっているわけではなく、どちらもあり得るというように考えられています。

それに関連しまして、日本の家族・親族組織には、近親結婚に対するタブーがどうも弱かったのではないかと思えます。

双系制の家族・親族のあり方の場合にはそういうことが言えるようでありまして、最近議論が本格的に展開するようになり始めてきて、これから大いに期待できるところであります。いまの都出さんの論文は、そういう問題に女性の作る土器を通じて考古学のほうから接近されたお仕事であり、弥生の文化を考える場合にたいへん興味深い最新の成果ではないかと思います。

これはちょっと話がはずれますが、近親結婚は、日本ではずいぶん後まで続いていると思います。私が主に勉強している中世、鎌倉・南北朝くらいのところですが、後醍醐天皇(18)のことをいろいろ考えておりまして、いままでの研究のなかでなされていないのは、親族関係の問題ではないかと思います。少なくとも天皇の周辺にせよ、徹底的には考え抜かれていない。というのは、とにかく非常に近親結婚が多いのですね。十四世紀ですけれども、天皇だけでなく貴族間でも近親結婚がきわめて多い。例えば後醍醐は後宇多の子どもなのですが、後醍醐を産んだ忠子という女性は後醍醐のおじいさんの亀山のところに連れていかれてしまう。というか、妾《しょう》になるわけです。そうすると、亀山はものすごく後醍醐をかわいがるわけです。

天皇の系譜のなかで、同じようなことで有名なのは崇徳と鳥羽ですが、崇徳は鳥羽の子どもだということになっていますが、実はおじいさんの白河の子どもではないかという疑いを持っています。後醍醐も後宇多とはあまり仲がよくなく、亀山は後醍醐ばかりをかわいがり、母親は亀山のもとに迎えられていくという関係があるのです。そんな問題もどうもあまり突っ込んで考えられていない。

異母兄弟姉妹の間の結婚などということはザラにありまして、おばと甥間の結婚、姪と甥間の結婚、なかには同母兄弟姉妹である妹に懸想した貴族も出てきます。『増鏡《ますかがみ》』(19)や『とはずがたり』(20)を読んでおりますと、女性も多くの男性を迎え、男性も多くの女性を迎えるという関係のなかで、近親結婚に対するタブーはきわめて弱いのです。同母兄弟の関係に対しては古くから強いタブーがあったことは明らかですが、それすらも破ろうとするような状態が見られるわけです。こういう状態のなかで、いままでのように父系制・母系制というふうな観点だけで問題を処理できないことは間違いない。日本の家族のあり方・家のあり方を改めて考えてみなければならない問題が、最近続々提起されつつある。古代の国家とか天皇のあり方を含めて、いちばん基礎にある庶民の家族のあり方も今後は考えなければ、と思うわけです。

「反乱」か「戦争」か

それから先ほどの「農民」の問題などとも関係するのですが、「反乱」とか「征討」とかいう言葉を使うことにも慎重でありたいと思います。

例えば、最近議論になっている問題で、「磐井《いわい》の反乱」[21]といわれてきた、北九州筑紫の国造になっているといわれる「磐井」が、朝鮮半島の新羅と結んで、百済と結んでいる畿内の勢力と対抗した事件があります。

この教科書（山川出版『日本史』）では三〇ページにありますが、これは「反乱」と規定されている。「地方豪族も反乱を起こし」というように書かれてありますが、磐井の本拠地である八女《やめ》[22]の方々は「これは反乱ではなく戦争だ。畿内・大和と北九州の戦争だ」と言っています。確かに単純に反乱という言葉を使ってしまうことには警戒する必要があると思います。

「反乱」という言葉は言うまでもないことですが、国家権力が確立して、その支配下に置かれた人々の国家権力に対する「反」であり、「乱」であるということになるわけです。客観的に見て、畿内の国家がこの時期に北九州の勢力を本当に支配下に入れていたのか、どの程度支配下に入れていたのかということは、かなり微妙な問題があることはまず間違いがない。最近、出雲から銅剣が出てきたことについても、「出雲に独立した王権があった」という考え方と、「畿内の勢力が遣わした」という二つの考え方があります。磐井の場合にも「反乱」という考え方と、「戦争」という考え方が対立しておりまして、古代史の発掘の猛烈な進行ぶりから申しましても、今後も議論が続くことだろうと思います。このあたりは、一般の人に話す場合は十分に気をつけてしなければならない。つまり、概説を書く場合に少なくとも「注」をつけるなり、何かする必要があるだろうと思います。

同じような問題で申しますと、東国の征討、最近教科書では「蝦夷《えぞ》[23]」という言葉は避けられるようになっていると思いますが、これもやはり注意を必要とします。なかには「蝦夷の反乱」なんて書いているケースもあります。確かに九世紀以降になりますと、東北のほとんどの部分に一応畿内国家の支配が及びますから、それ以降でしたら、まあ反乱も自然だと思います。しかし、それ以前の東北に対する畿内国家のいわゆる「蝦夷征伐」「東北征討」というのは間違いなく侵略です[24]。

つまり、東北人の征討というのは、畿内国家の立場に立たなくては出てこない言葉で、これは東北人と畿内国家の戦争以外の何ものでもない。東北人が猛烈に粘りますので、再三にわたって畿内の軍勢が敗退するわけですが、反乱に対する征討のごとき表現・用語は注意して考える必要があります。

もう一つ付け加えるならば、例えば四国なんていうのは本当に歴史の教科書には出てこないですね。四国が出てくるのは、秀吉の四国征伐のときぐらいしかない。東国の場合も、「征討され……」「征伐され……」という受け身の立場でしか概説書には出てこない、大きな偏りをどうしたらいいか。かといって、歴史叙述をする場合、どこかに焦点を当てなければならないわけですが、焦点の当て方というのは、きわめて難しいものがあります。

交流はどんな言葉で行われたのか

視点に関連しまして、西日本と朝鮮半島とは、古墳時代からそれ以降の時代に至るまで、きわめて緊密だったことは間違いない。ただ、縄文にまで遡る緊密な関係があったことが立証されたかということになりますと、国家間の関係ではない、人の交流があったことは当然予想していいわけです。私がわからないのは、何語でしゃべっていたかということです。五、六世紀になると、朝鮮半島から大量の移住民、いわゆる渡来人が渡って来たことは教科書にも出てきますが、言葉はいったい何語だったのか、日本語の起源という問題と関連して大事なことだと思います。

畿内の律令国家と朝鮮半島の関係で通訳を必要とするという記事は、新羅に対する藤原仲麻呂のいわゆる征討の準備の過程で出てきます。中国についての史料は、百済[25]との関係でいろいろな記事が出てきますが、通訳の記事は見当たりません。桓武天皇[26]の母親は朝鮮半島の出身ですから、桓武の朝廷は朝鮮半島人を非常に大事にする政権で、かなり大量の人が日本に渡って来たのは確かです。通訳の記事が見当たらないということは記録でありますから、実際にはそういうことがあったのかもしれません。

専門家に聞きましても、あまり資料がないので朝鮮半島における言語分布というのはよくわかっているわけではない。果たして、新羅の人と同じ言語でしゃべっていたかどうか。古百済語、古新羅語、古高句麗語[27]というのがどういう言葉なのか、はっきりとは言えないというお答えです。しかし、私たちは最初から民族と考えて交流を捉えてはいけないだろうと思います。日本人と朝鮮人というような観点で単純には捉えられない。

調・庸・贄などをなぜ負担したのか

さて、いろいろと疑問を並べ立てましたが、最初に申しました農民の問題に関連して、律令国家が成立した後の、負担の問題に触れてみたいと思います。これも私にはわからないことだらけでして、この教科書にも「贄《にえ》[28]」の問題はまだ出てきていないと思いますが……。

これまでの通説といいますと、租《そ》[29]・庸《よう》[30]・調《ちょう》[31]、雑徭《ぞうよう》[32]・兵役等の負担があったわけですが、最近木簡[33]が発掘された結果、かなり重要な意味を持った負担のあったことが新たにわかってきました。

「贄」というと、だいたい山の幸・海の幸の食品類が主なものでして、魚と加工食品あるいは採集された栗などの山の幸等が、贄という形で古くから天皇に奉献されてきたということが初めて明らかになりました。贄の制度につきましては、『延喜式《えんぎしき》[34]』に一応全国の奉献の事実が挙がっております。『延喜式』の段階ではあったことは知っていたのですが、律令制の負担のなかでは贄は挙げられていなかったのです。なぜかと言いますと、贄の負担というのは、まったく律令に規定のない負担だったわけです。文献だけで見る限りですと、少なくとも律令制の制定段階では存在しなかったかのごとく思えます。ただ記録のなかには出てきますから、律令段階でも『延喜式』に出てくるような贄はあっただろうという推測は可能だったわけですが、実態はまったくわからなかった。それが、木簡が発掘されたことによって、初めて明らかにすることができたわけです。

木簡というのは贄とか調とかの付け札で、非常にたくさん出てきました。各地域からの山の幸・海の幸が、かなり大量に、しかも組織的に中央の蔵役人に出された。これはだいたい食料でありまして、天皇をはじめ中央の貴族たちの食膳にのぼっていたであろうと思います。それと同時に、調・庸の実態を調べてみますと、さっき申しましたように、調は米ではなく非常に多様な、いわば非水田的な生産物が奉献されています。中央財政は調・庸によって賄われていますが、贄を含めまして中央政府が収取しているもののなかに無論米がないわけではありません。後になるといろいろな形で米を送らせたりしていますが、比重の上から見ますと、非農業生産物が多いわけです。そういうものを負担している人たちを農民と言い切ってよいのかどうか、私には疑問であります。

例えば、三河の佐久島、篠島というところから規則的に贄が送られておりますが、送り手は間違いなく海で生活していた人々でしょう。こうした人々を農民と言ってしまうと、実体は消えてしまいます。そんな人々が贄を奉献しているのです。全国的に見ても、木の実を奉献している人々は、縄文以来の採集生活をしつつ、その他の生業も営んでいる人々だったはずです。だからといって、まったく農業とは無関係だったと言うわけにはいかない。編戸されて、戸籍に名前を載せられる限り、口分田《くぶんでん》(35)が与えられますから、何らかの形で農業と関わりは持っていると思うのですが、かといって「農民」と規定してしまうのは正確ではないと思います。だからといって「非農業民」ということもできない。政治的だとどこかで言われましたけれども、「農民」「農民」とここまで言われている限りは「非農業民」ということを言い、多少均衡をとっておかないと、話が本当のところに落ち着かない。そういう意味で私はあえて、「非農業民」という言葉をしばらく使い続けていきたい。教科書の古代史の部分に、こういう形で「農民の負担」という項目が出なくなるまでは、「非農業民」というだけの理由はあると思っています。

平らかに言って、当時は農業・非農業両方をやっているのが普通でありまして、「主として農業をやっている」「主として非農業をやっている」くらいには区分できると思っています。その全体が、どういうふうな比重でやっているかを丹念に考えていくことこそ、必要なことではないかと思っているわけです。

それともう一つ、古代史の本当の専門家の方にも伺ってみましたが、それでもわからないことがあります。調・庸というのは中央に送られますが、輸送をするのは一般の公民です。負担したものを運んでいく人を「運脚《うんきゃく》」(36)といいますが、食糧は自弁というのが原則です。あっさりと食糧自弁と書いてあるのですが、考えてみると武蔵から運んでくる運賃と近江から運んでくる運賃とでは開きがあるはずです。いまだって東京から京都までと、滋賀県から京都まででは運賃が違うのは当たり前です。ところが、その旅費の巨大な違いについて、律令国家は負担に格別の配慮をしなかった。常陸(37)の国だけはいちばん遠いものですから、国衙《こくが》の財政から若干支弁されているという例があったようです。他の国では九世紀くらいにならないと、距離というのは問題視されない。

私はものすごく不思議に思いました。どうしてこれで遠いやつは文句を言わなかったんだろうと思うのです。調や庸の負担に多少の手心が加えられているかというと、確かに距離が遠い者は軽いものを運ぶということにはなっていますが、特に負担そのものが減らされたということはなかったようです。早川庄八先生、吉田孝先生など、律令の最高の専門家に伺っても「いやいや、全然わかっていない」というお話でした。もし、そうだとすると調・庸の負担というのはどういう意味を持っていたのか、律令国家の負担を考える場合、かなり本質的な問題につながってくると思うのです。

いまから考えると、きわめて非合理な負担体系ですね。現在だったら必ず文句が出る。にもかかわらず、そういう負担体系が、少なくとも百年以上なんら修正されることなく、遠いところにちょっと手心が加えられただけで維持されてきたとしたら、調・庸負担の本質は、やっぱり考え直す必要がある。

私が考えている方向を申しますと、単純に強制によって出している負担ではないだろう。そうとしか考えられないのです。つまり、調・庸というのは「持っていかなければならないもの」という意識が持っていく側になければ、こんな体制を維持するなんていうことはできるはずがないという方向に考えが向かっていくわけです。そうなりますと、古代国家の本質に関わってくるわけです。調・庸が重い負担だったことは間違いないわけで、運脚が都に滞在して納める手続きがなかなか済まないために食糧を消費してしまって、帰るときには乞食をしたり、あるいは餓死して屍骸が道端に散らかっていた、なんてことが正史に出てきます。それだけ重い負担であり、危険に満ちたものであることは間違いないのです。にもかかわらず、百年の間保ち得たということになりますと、そこには一般平民の自発的意思というものをどうしても入れて考えざるを得ない。誰だって負担なんてしたくないはずでして、その負担をなぜ自発的にしたのかということを本当に捉えませんと、やはり日本の国家の存在そのものが持っている問題を考えることができないように思うのです。

古代というと、例えば「貧窮問答歌《ひんきゅうもんどうか》」[38]がすぐ浮かびます。あの感覚は半面の事実は伝えているのだろうと思いますが、憶良《おくら》の歌というのは中国臭が強い歌ですから、表現されている家族のあり方は、日本の家族の実態とは違うのではないかという考え方も出されています。「貧窮問答歌」が日本の古代社会の実態そのままだと考えることは、十分に警戒する必要があると思います。

負担することの一つの大きな要因は、中世でははっきりしていまして、年貢を未進すると自分自身を身代にして債務奴隷になるのです。そうなると、共同体のメンバーの成員権を奪われてしまいます。古代では証明できないことですが、共同体のメンバーでなくなってしまうということがあったのではないかと思っています。古代の場合、調・庸を未進した農民がどうなるかについては史料がないようでありますが、借財した者が自分の身をもって償わなければならないという原則が、律令のなかにもはっきりあるわけであります。それが適用されたとしますと、誰の奴隷になったかということが次に出てくるわけです。調・庸を未進した一般の平民は、共同体の成員権を剥奪されたということは予測でき、そのことはきわめて重要な問題になります。誤解を受けやすいことですが、私はあえて、古代の公民は自由民であった、自由ということを隷属民ではない共同体の成員であるという点に求めて、自由民であった、と主張したいのです。そういう意味の自発性のようなものが、国家の体系を支えていた。これを言いますと戦前の考え方に近づくかのように見られる危険性は伴っていますが、その危険性をおそれるがゆえに、古代国家で天皇の専制権力という面のみを強調していたのでは、おそらく国家の持っているおそろしさの問題を明らかにすることはできないのではないか、と思います。いまのような角度で、どこまで問題を考えることができるのか、さらに続けてみたいと思っています。

「自由民」と「支配者」の緊張関係

古代だけの問題ではなく、かなり広い問題になってしまいますけど、当然百姓が自発性を持っている以上は、権力を縛っている面があるということも考えておく必要がある。中世になりますとはっきりしてくるところがあるのですが、中世では負担のことを「公平《くひょう》」とか「限りある公平」とかいうんです。「限りある」というのは、いろんな意味がありますけれども、「何かの限定があるのだろう」と笠松宏至さんが言っています。「公平」というのは年貢のことです。「公平」にはそういう意識があって、「限りある」もの以上を取り立てた場合、百姓は反撃すると見て取ることができます。負担がある限度を超えたときは、支配者の側が反撃を受けるのは、百姓の負担が自発的であるがために、支配者を縛っているのではないか。だから、古代の支配者もそれなりに悩まざるを得ないという状況になる。

現在はそういうことはなくなっていると思いますけれども、私が高校で教えていた頃は、天皇は専制君主であり、命令をして人民を引きずり出して働かせたというイメージをなるべく生徒に教えたいという気持ちもなかったとは言えません。ただ、それだけでやっていますと、支配者の内部のさまざまな矛盾、人民にどう対処していくのかという支配者のたいへんな緊張感の意味などを捉えることができません。特に奈良時代までの支配者には、その緊張感がはっきり窺われます。加えて、そこに投影している一般民衆の意思を見抜くこともできないだろうと思うのです。

もう少し時代が進みまして（まだどこにも書いていませんが）、江戸時代の百姓も自由民的要素を持っているという方向で考えていいんじゃないかと思うのです。

「自由民」というのは、さしあたり限定すると、「ある共同体の成員権を持った人」ということで、移動の自由とかそういう自由も要素にまったく入らないわけではありませんけれども、江戸時代の「農民」を「農奴」と規定してしまうことにはかなり抵抗があります。

もう一つ申しますと、天皇の専制君主という捉え方についても、まだまだこれからいろいろな議論が出てくるだろうと思います。

最近の研究では、天皇は古代においては直接自ら政治に携わっていたが、摂関政治あたりから直接タッチしないで、「天皇の不執政」の状態になっていると見ています。

天皇制に対する見方には二つの方向がありまして、「天皇は親政をするのが本質である」

というのと、「不執政こそ本質である」というのに分かれます。天皇について賛成者、反対者、肯定者、否定者など両方にこの二つの意見があります。

天皇制肯定者のなかで、天皇親政こそ真実の姿であるという見方は、戦前のいわゆる皇国史観[39]、戦後では村松剛氏等の見方がそうで、後醍醐・後鳥羽・明治という系譜をものすごく持ち上げるんです。

不執政を主張する方は津田左右吉《そうきち》とか石井良助さんでありまして、石井さんにいたっては、天武[40]、後醍醐、後鳥羽、明治という天皇は天皇史上例外である、不執政こそは本質であるという捉え方です。この系列が、いまの象徴天皇制を積極的に肯定する意見になっています。

戦後の天皇制否定論者のなかにも、この二つの流れはあるわけです。特に戦後すぐというのは、天皇は専制君主なんだということを強調する。最悪の天皇という形で、後醍醐とか後鳥羽とかに天皇制の本質があり、それこそ否定しなければならないと強く言われたわけです。現在でもこの流れは、はっきりと存在しています。安良城盛昭さんなどは、いまのようなものだけを天皇制といい、いわゆる不執政の場合は天皇制とはいわないとしています。しかし、中世や近世の天皇を問題としようとすると、不執政の側に目を向けざるを得ないわけです。南北朝以降から江戸時代の天皇の問題を取り上げようとすると、どうしても不執政状態を問題にせざるを得ない。

古代につきましても、成立当初からたいへんな問題があるわけで、まず○○天皇と書くのはいつからにしようかというので悩みます。天皇号が制度的に定着するのが、だいたい天武からでありまして、その前は大王（オオキミ）と書くか――他の称号は大王しかないわけですが、天智大王なんて書いて果たしてこれで通るだろうかという気もしますし。教科書でも一応、大王から天皇になったと書いてあるけれども、推古ぐらいになると天皇は使っている。もっと前からかもしれません。本当は言葉としておかしい。どこから天皇を使っているかというと、やっぱり推古くらいからでしょうか。武烈天皇[41]とか継体天皇[42]なんて書いていますね。こんな天皇なんておかしいわけです。史実に則して言えば、そういう人物がいたことは間違いないとしても、天皇と表現した途端に、この時期から天皇は存在したという方向に子どもたちまで巻き込むことは間違いないわけでして、そのくらいの神経質さを私自身も含めて、歴史家は持つべきだと思います。欽明[43]あたり、特に推古から大王と言い難くなってくるのです。確かに、推古のあたりから天皇号がある程度存在したという考え方が強いわけです。

律令の規定から見ましても、天皇は当初から単純に専制君主とは言い切れない存在だったということは、はっきりしています。

特に、畿内の有力貴族の代表者による合議体、太政官《だいじょうかん》[44]の持っている権限の強さは前から注目されていまして、それと天皇制の間にかなり緊張感があったのです。特に天皇は、自分の後継者を決めるのに、暗黙のものにせよ、太政官のメンバーの承認を得なければならなかった状況があり、時代を遡るほどそういう傾向が強い。八世紀末から九世紀の桓武あるいは嵯峨[45]から、合議体の天皇への規制力は弱くなります。宮廷内の人事についての天皇の権限は、非常に強くなってきた。摂関政治の時代にせよ、院政の時代にせよ、天皇は決して不執政などとは言えないと私は思います。

鎌倉時代で見ましても、院が政治をする場合と、天皇が政治をする場合が交互に出ておりますが、院と天皇がまったく同じ機構を名前を変えて、院の場合は文所、天皇方になると記録所というふうになっていますが、鎌倉時代は親政ではありませんが、天皇は十分に政治を執っていたと思います。少なくとも不執政ではないと見ることができます。いわゆる天皇不執政が考えられるのは、後醍醐が最後の大博打をやって負けて、南朝が完全に滅びてからのことです。

律令では太政官についての規定はありますが、天皇についてはありません。天皇はさっき話した贄のような山野《さんや》河海《かかい》の産物を収取しているのですが、これも律令には規定がありません。しかし、水田を中心とした農耕、田地を基礎にして成立している律令体制の頂点に天皇はいるのです。太政官は事実上天皇を制約する機能を持っています。

山の幸・海の幸を独自に取り立てるような天皇の地位というのは、いったいどういうものか。その後の歴史の経緯でどうなっていくのか、事実の指摘ぐらいはある程度できますが、私にも完全な説明はしきれません。古代史の方々からも、まだ体系的な説明はされきっていないようです。

交易・市と国家

これも考古学の成果ですが、古代から交易が行われていたことが明らかになってきています。いままでにも縄文時代に黒曜石の鏃《やじり》が、(46)非常に広い範囲にわたって広がっているということがいわれてきましたが、塩の考古学の進展から、ある時期から土器製塩というのが非常に活発に動いていたことがわかります。

土器製塩は、縄文のある時期から弥生にかけて行われていました。この時期には、確実に塩はかなり広い範囲にわたって交易されたと考えなくてはならないだろうというのが、だいたいいまの考古学者の考えていることです。

また、いままで交易といいますと、「農民」という考え方がもとにある。弥生時代以降、農業から商工業者が分離した、あるいは農業以外の生業が分離したというように、あくまでも農業がもとです。社会的に見れば、農業生産量が発達し、「農民」と「漁民」がはっきり分かれてきたという意味で使われ、イメージとして「商人」は「農民」から出てきたというのが多いように思われます。しかし、私がいままで調べてきた中世の商人、ある程度交易をしている人は、いわゆる純農民から現れたというのは非常に少ないのです。漁撈民あるいは山の民のような集団から出た商工民が圧倒的でありまして、主として漁撈をしていた人、あるいは主として山で生活していた人から商人の集団は出てくるように思います。米のほうから出てきた商人としては新稲田《にいねだ》というのがありまして、これは米売りになるわけです。天皇の米を作っている供御人《くごにん》で、単純に農民というわけではありません。

交換は、当初は塩を主として生産する集団と、農作物、米を主として生産する集団との間や、あるいは山の幸を主として生産する集団と農業を主としてやっている集団の間で、つまり、異質な生業の人々の間で始まってくる。塩の交換がいちばん早い。やがては鉄が広く交易されるようになると思うのですが、そう考えると、市というのはかなり古くからあったと考えなくてはならない。国家成立以前から市はあったに相違ありません。市の立つ場所は、おそらく国家成立以前から河原とか中洲とか浜のようなところであっただろうと思うのです。

石母田正さんが『日本の古代国家』(岩波書店)のなかで、たいへん大切な指摘をなさっています。第一回の講演でも述べましたように、それは国家機関の組織的なものはまず境界領域に現れ、市ないし交易に関連して現れてくるというのです(第一章四九ページ)。『魏志』「倭人伝」のなかに「国々市アリ、大倭ヲモツテ監セシム」という有名な言葉があります。大倭とはどういう存在かといろいろな議論がありますが、首長と見るか邪馬台国から派遣された人と見るかは別にして、市に関しての何らかの機関ないし存在であることは間違いない。それから交易は、列島外との交易について境界領域に一大率《いちだいそつ》(47)という国家機関を置いているということを指摘しておられます。

この問題は天皇の問題とも関わりを持ってきます。贄の問題もこのあたりと関係してくるかもしれません。市・交易が国家によって新しくつくられたものでないことは当然です。共同体から自然発生的に生まれてきた市が、境界領域につくられ、境界領域に国家機関がまず姿を現すということは重要な問題です。それを、国家機関が取り込んでいく過程を今後考えていかなければならないと思っています。

質疑応答

司会――それでは第二部を始めます。
質問を整理するなんてことはできませんので、話は直接網野先生に出していただくという形でやります。今日のお話に出てこなかったことでも結構です。

質問者1――中世のことなんですけれども、土地と人間の関係のことで質問させていただきます。

支配者がいますね。領主でもいいのですが、どの程度まで支配したかのかよくわからないのです。すべての面で人間を支配しきれたのか……。

例えば、鎌倉を調べていても、このへんは誰が支配していたのかというのがよくわからない。そうしたところがいっぱい出てきた。土地を支配していることと、税金を納めているところが違ったり、別の人に納めていたりとか、そのへんがよくわからないのですが。

人の支配・土地の支配

中世になりますと、土地には「荘園《しょうえん》」(48)という単位と「国衙領《こくがりょう》」(49)という単位がありまして、「荘《しょう》」「郷《ごう》」(50)「保《ほ》」(50)「名《みょう》」(50)とかいう単位も一応できるわけです。

保というのは、荘園と国衙領の中間くらいのものです。名というのは百姓名。いちばん基本的なのは郷です。

それから「村」ですが、「荘」にせよ、「郷」にせよ、「名」にせよ、国家によって行政単位になっていますが、行政単位化されていない部分を「村」と言います。いまの村とは大分意味が違います。

古代でもそうなんで、東北地方が律令国家の支配下に入り、一応国と郡ができますと、「村」ではなくなるわけです。行政単位に入らない部分が「村」で、「エゾ村」という学者もいます。

中世でも同じでありまして、鎌倉・南北朝くらいまでは「村」というのは正式の行政単位に入っていないんです。「荘」とか「保」とかいいましても、実はいろいろなケースがあります。

荘園も、一つの形態は、かなり広い範囲のなかに、山だとか、原だとか（野と原は、一応区別されるんですが）、そういう一括的な荘園もある。

それから同じ荘園でも、地域的には田んぼが保のなかにあり、こちらの郷にもあるというふうに、バラバラになってしまうことがあるんです。ですから、どこまで支配したかということは、はっきりしない。一円的に支配している形になっている荘園にいたしましても、隣に同じような荘園がありましても、この間というのは、何か截然《せつぜん》と線が引けるというような状態になっていないのが普通です。例えば、境に山があったとします。山のどこに牓示《ぼうじ》（土地の境界のしるし）をするんですか。こっちの荘園の牓示と、あっちの荘園の牓示との間に隙間ができるということはあるわけです。

荘園の場合についてもそういうことになりますので、「支配者がどこまで」とおっしゃった意味がよくわからないんですけれども、隙間の部分は、江戸時代でも、こういう要素が少しは残っていたんじゃないかと思います。

江戸時代は「村切り《むらぎ》」（検地で村の領域と村民を確定すること）ということをやりました。それでもまだ残っているんです。

古代になればなるほど、領域をもった「郷」ではなくて、「五十戸」という戸が単位になっているんですが、領域ではないわけです。

ある時期になると、多少領域ができてくる。その場合も、境がはっきり決まるような形で出てきたかどうかは、かなり疑問であります。

中世でも、まだ誰も行けない山だとか、誰も入ったことのない原野だとかが相当あり、いまでもごく少しはあるらしいですけれども、古代になればなるほどそうした場所があったわけです。ですから、どこからどこまで支配が行きわたっていたかということは言えない。

鎌倉とおっしゃいましたが、町のなかのことですか？

質問者1――ちゃんと調べたわけではないんですが、例えば、寺分の境がどこなのかがわからなかったんです。隙間があったのかとか、ちゃんと所有者がわかっていたのかどうなのかとか……。

お寺の田んぼなんていうのは、散らばっている場合がありますね。どこかのお寺の田んぼ**（図3）**だとしますと、こういうところに寺田（A、B）という地名が残ることもありますし、消えてしまう寺田（C）もあるわけです。だから、地名で追いかけるときには、多少注意しなければなりません。

それと、いまおっしゃったこととの関連ですが、散らばった田んぼができる原因の一つとしては――これが大問題につながるんですが――、現象だけを説明しますと、中世ではよく、人の支配と土地の支配は原理が別だと言います。これは、確かにそうです。

図3

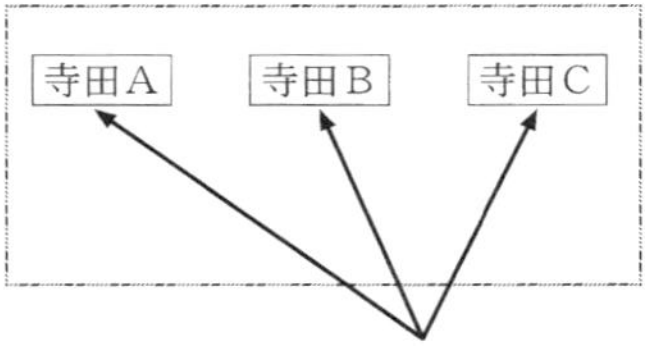

例えば、ある荘園（**図４**）にAという領主がいたとしまして、この荘園の田んぼについては年貢あるいは公事を出した。しかし、その人自身の資格は「御家人」ということがあります。ある荘園のなかに公文[53]という荘官がいて、田んぼを耕作させていますね。その田んぼの年貢は当然、Aに行かなければならない。ところが、公文が、鎌倉殿の御家人だと、人間を通じて賦課されている公事――関東公事はBへ行きます。

これは、単に御家人だけではなく、例えば八幡宮の神人《じにん》がいたとすると、田んぼのほうは荘園に行くけれども、神人としての活動は、八幡宮に結びついているという形があり得るわけです。

鹿島八幡宮[54]でも、賀茂神社[55]でもいいんですけれども、多少商工業なんかをやっている神人がおりまして、給田として年貢のかからない田んぼをもらうことがあります。それと年貢はかかるけれども、公事はかからない免田をもらう。

例えば、賀茂神社に堅田《かただ》御厨《みくりや》というのがありますが、賀茂神社の神人が堅田[56]にいっぱいいるんです。この連中が給田をもらう。堅田の荘は比叡山の荘園です。だけれども、賀茂

図４

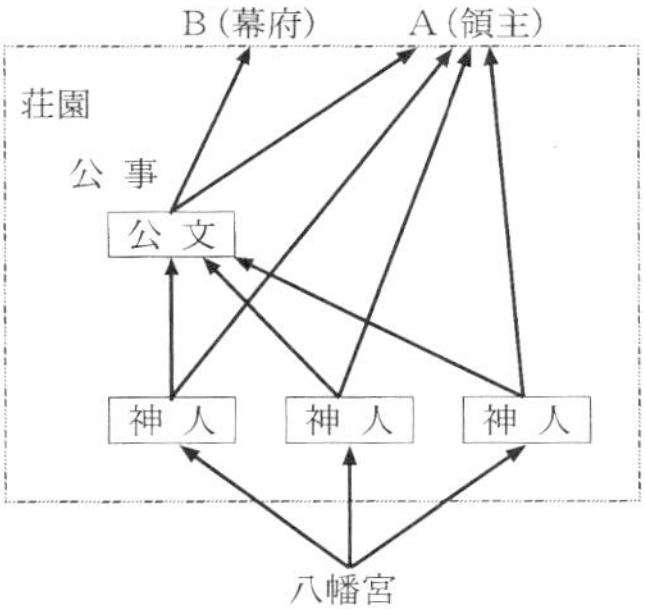

神社の神人であることには変わりないんです。ちゃんと、賀茂神社に保証された特権を持っている。

堅田の場合でいったら、琵琶湖の廻船、漁撈とたいへんな特権を持っているんです。こういう形で荘園ができる場合があるんです。

この場合は、まとまって堅田に住んでいるからいいんですけれども、神人が別の場所に住んでいて、全体としては神人の集合体として捉えられていると、飛び離れたところに荘園の田地が出てくるんです。ちょっとわかりづらいかもしれませんが、実際見てみますと、そういうケースがたくさん出てくる。

「人に対する支配の仕方と違う」というのは、こういう原理があるからです。

京都の近辺の田んぼなんていうのは、本当にバラバラですね。だから、荘園の証明が残らないようなケースさえあります。そういう場合は、いまおっしゃったような問題は、問題として出て来にくくなるんです。境がないわけですから。

私がいま、大問題だと申しましたのは、年貢なんです。

年貢は土地への賦課か

いままでいわれていたことに疑いを持ち過ぎているのかもしれないんですけれど、年貢はいままで、土地に賦課されると考えられていたんですね。近世、江戸だってそうですし、中世だってそうです。前に『日本中世の民衆像』(岩波新書)でもちょっとだけ触れておきましたが、どうもあれは、本当の意味で土地に賦課されているようには思えないところがある。

さっきお話しした問題と絡んでくるところがあるんですが、田んぼに鉄を賦課するというようなことが行われるということは、本当に土地から年貢を取っているんだろうか、という感じが強くなってくる。年貢というのは、確かに土地を媒介にして取っているけれども、土地の所有者が土地を所有しているから何らかのものを収取できる——いわゆる地代——とは、どうも性質が違うんじゃないか、と思うんです。

調というのは、人間に対する賦課ですね。これは「成年男子一人についていくら」となっている。「出挙《すいこ》(57)」という古代においては重要な、事実上の賦課になっているもの——単純に賦課だけではないんですけれども——、これも人間に対して賦課する。

ところが、ある時点から「調の地税化」ということが起こりまして——地税化するという言い方が、まことに学問的ではない言い方なんですが——、確かに土地を媒介にして取っているから土地から取っているように見えるけれども、調は人から取るという性格は失われていない。

この段階が、そのまま中世の年貢につながってくるんです。だから、田んぼから鉄を取るなんてことが行われるのは、まだ年貢のなかに、完全に土地から取るのではない、一種の共同体のメンバーは、必ず何か払わなければならないということがあるんではないでしょうか。

中世では、「人頭税」という形はとっていないですけれども、人間に賦課されるということはあるのではないでしょうか。江戸時代ですら、そういう要素が残っているような気がしております。

これは大冒険でありまして、簡単には言うわけにはいかないところでありますが。

地代につきましては、「地子《じし》(58)」という別の言葉があります。野原からも浜からも地子を取ります。畠からも地子を取ります。田んぼについては、年貢プラスアルファの部分が地子ということになります。

加地子《かじし》の性格も、議論だけは膨大に広がっていますけれども、私は負担としての性格は、完全には議論されていないところが残っていると思っています。

年貢というのは、やたら普通の人からは取れないんです。地頭というのは、本来的には年貢は取れない。在地の領主は、取る資格がない。だんだん下地中分《したじちゅうぶん》(59)などがやられるようになりまして、取るようになりますけれども。

質問者2——三つお願いします。六年生で社会科の授業をやっていまして、視点を定めたところから日本史を掘り下げてみたいということで、「お金から見た歴史」ということと、「人口から見た歴史」ということをやってみました。

第一は、「お金から見た歴史」です。大きく分けると、「和同開珎《わどうかいちん》」(60)ができて以来、朝廷だとか、幕府だとかがお金を造って、民衆に使わせようとしたときは、なかなか使わなかった。蓄銭叙位令《ちくせんじょいのれい》(61)だとかいろいろありますね。それでも使わなかった。ニセ金は横行するし、結局思惑が外れてしまった。しかし、お金を造るのをやめた頃から民衆がお金を使うようになった。

宋銭とか明銭を含めてお金を見ると、大きく分けて、上のほうが「使え、使え」と言っていた頃はあまり浸透しなくて、上のほうがあきらめたときに、逆に民衆が使うようになったということでよろしいか、ということです。

第二は「人口から見た歴史」です。江戸時代の日本の人口は四千万人くらいで、ほとんど変化していません。推定すると、奈良時代の人口は七百万人くらい。そこから増えていったわけですが、中世を人口という点から見たら、どのようなイメージを浮かべればいいのでしょうか。

第三は、梅原猛さんの本(62)を読んでいたら、一般的には法隆寺は聖徳太子が発願して建てたといわれているけれども、それは違うんではないかと言っているわけですね。なぜかというと、建立のために駆けずり回って尽力したのは、太子の遺族を殺した連中だったというのですね。聖徳太子の怨霊を鎮めるために建てたのではないかというのですが、どうでしょうか。

いずれも、お答えしにくいなあ。

最後の質問に出てきた梅原さんの説は、私も読んでおもしろかったけれど、あれはどうなんでしょうね。梅原さんの言う通りかどうかは、かなり問題があるんじゃないかと思います。着想は、歴史家の盲点を突いた点もあるんだけれど。

人口のことですが、中世の日本の人口というのは、ものすごく調べにくいんですね。なぜかというと、学者というのは、人口を調べるのは難しいものだから、放り出して、やさしいことをやっているのが実情なのです。

古代には戸籍がある。ある郷の人口をまとめてはっきりつかめる資料がある。多少時間がたっての資料もあるので、それを根拠に人口を推計できるんです。

江戸時代には「宗門改帳《しゅうもんあらためちょう》」[63]というのがあります。江戸時代の人口は、初期の頃にワァッと増えて、享保から停滞したと昔高校で教えていた頃話した覚えがあります。人文地理で表を使って、社会が伸びているときは人口が増えるけれども、社会が停滞すると人口も停滞するなんて話していた。しかし、どうもこれは眉唾なんですね。

幕府の人口統計が出てくるのは、割合後のほうで、他の要素を使って推計しているわけです。本当に宗門改帳を洗い直して人口の増減を考えた仕事は、いまやられつつある。最近、人口調査学というのが始まり、人口史を研究する人が出てきましたので、江戸時代はそれでやれると思います。

それに比べ、中世はそうした手掛かりすらないんです。まったくない。学者の怠慢と言えば怠慢ですが……。戸籍あるいは宗門改帳に類するものを、中世では社会のあり方として作る必要がなかった。わずかな手掛かりになるのは、在家という家単位の数字で、それならわかる。

例えば、この荘園には何家あるとか、やもめの在家がいくつとか、そういう資料はあるんですが、肝心の家のなかに何人いたかというのは、まるでわからない。これはもう、どうしようもない。

これからの方向としては、考古学で行っている人間の骨を見つける方法があります。中世のある家のなかにこのくらいの人数がいたとわかれば、少しは手掛かりが出てくる。これ以外の方法で調べるのはきわめて困難だと思います。古代はある程度推計できますし、江戸時代も、元禄くらいからはかなり確実な、精度の高い人口が押さえられる条件があります。それに比べ、中世はまるで手掛かりがない。だから、人口だけで教えるというのは、端的に言って無理があると思います。

縄文でなぜ人口とか平均年齢がわかるかというと、骨で見ているわけです。中世で、もし考古学が発達してそういうことができたら、まったく不可能ではないでしょうし、私も非常に知りたいんですけれども、いまのところわかっていないというのが本当です。

人口で生徒にきちんとしたイメージを出そうとすると、ラフな話しかできないと思います。むしろ、時代を限定して、江戸時代なら江戸時代の人口のあり方みたいなものをわからせて、他の時代でもだいたいこうだぞ、というほうが安全なような気がします。

お金の件ですが、これについてはかなりわかります。お金といっても金属貨幣だけがお金ではないわけです。

お米だってお金になります。絹だってなります。だから、物を交換するとき、交易するときに、当時一般的に通用していたものとしては、布と絹が多いんじゃないでしょうか。

これを貨幣と言って間違いないんです。布でもやれるし、米でもやれるし、鉄で売買している例もある。何が貨幣になるか固まっていない状態です。純交換価値としての金属貨幣ですが、使われる条件が社会のなかになかった。物々交換といっても、ある程度は一般的な交換価値を示すようなものが、古代でもかなり早くからあったようです。

例えば、土地の売買なんていうのは、十世紀くらいからわかるんですけれども、布だとか絹だとか米だとかが代価として支払われるケースが多く、それからずうっと続いてくるんですね。

生徒には、われわれが見ているようなお金だけがお金ではなかったと言ったほうがいいんじゃないでしょうか。

そうした観点から言うと、確かに最初政府が造ったお金は、流通させようとしても流通しない。それは、もともと一般的な交換価値を表現するものとして流通する条件がないときに出したから流通しなかったわけです。

それとは別に、生活のなかで物々交換がだんだん進んでいって、中国から銭が入ってきて流通し始めた。このへんのからくりも誠実に言えばわからないことがあるわけですが、宋銭が入ってきても、すぐには流通し始めないんですね。土地の売買などが全部銭でやられるのは、十三世紀後半くらいからです。それ以前は絹・布・米でやられていたわけです。

そういうことをやったときに、どうして日本でお金を造らなかったのかと疑問が出ませんか。それはわからないのです。中世になって、日本でお金を造ろうと思えば、造れた。銅は、室町時代には最大の輸出品でした。鋳造技術だって、鋳物師の技術は、古代よりはるかに進んでいる。それにもかかわらず、なぜか日本では銭を造らなかった。外国から入ってきた銭を使っているんです。これは、どうしてかわからない。造ろうとする意志がなかったとしか考えられない。

質問者2――お金から見た歴史の本のなかでは、宋銭とか明銭の場合には、一文なら一文の価値があったと……。

それはだめですよ、それは絶対ない。そうだとしたら、こっちで安く造れるはずです。

質問者2――日本で造ってきた銭は、だんだん悪くなってきて、一文が一文の価値がなくなって……。

それはウソです。それはとても不正確になってしまう。そういう感覚とは違う。

子どもたちにわからせるのは、すごく難しいと思うけれども、いまのおっしゃり方だと、はっきり言ってウソになります。安く造れても造らないんです。それはなぜか。後醍醐だけが突如造ろうとする。あの天皇だけが造ろうとしたのですが、実際には造れない。造ろうという意志だけでも示したのはあの天皇だけで、中世では武家のほうも公家のほうも、造ろうとする意欲すら見られない。

合理的な観点からすれば、武家なんて造ったほうがいいと思うんです。だって安く造れるし、しかも鋳造権を握ったらいくらだって操作できる。江戸時代だって、さんざんやっている。ところが室町幕府は、わざわざ朝貢して明の服属国になってまで銅銭を輸入した。それがわからないわけです。

実際に教えるとき、わかりやすくしようとすると、話がラフになってしまうのは避けられないんですけれども、価値までは入れないほうがいいと思うんです。経済的な条件がないときに、いくら流通させようとしても、権力でお金なんて流通するものではないんだ、と言うほうがまだ間違いがない。米や絹だって、お金と同じなんだと。経済的に見れば貨幣ですね。貨幣といってもおかしくない性格、役割を果たしている。社会のなかには、自然にそういうものは出てくるんだということは教えていいと思います。なぜ中国から輸入したのかということは、合理的な観点からだけではわからないのです。

前に申し上げたかもしれませんが、江戸時代にだって中国の銭を輸入している。

瀬戸内海に古文書を探しに行ったとき、二神《ふたがみ》島という、かつて海賊の島だったところで、二神さんというお宅に行きました。鎌倉時代から代々続く海賊の子孫なんです。そのお宅で銭を見せてもらいました。二箱分ありました。もっとたくさんあったんだけれど、ほしいという人にやってしまい、これだけしかないと言うんです。その銭を調べてみたところ、寛永通宝なんかサシ（ひもでひとくくりにした銭。通常は百文）にしていくつかあるんですけれども、宋銭からの中国銭がずっとあるんです。宋銭、元銭、明銭とありまして、清銭が出てきた。十七、八世紀の清銭が千枚のうちの百枚、つまり一割くらいの比率で出てきた。初めは何の銭かわからなかったんですね。何かと思って裏をひっくり返したら、何か変わった文字――蒙古文字、満州文字――の銭が百枚出てきたんです。

それ以来、清の銭に興味を持ちました。だって、楽しい想像ができる。鎖国の時代ですから、海賊が出合貿易で、つまりどこかで清の船と出合って清の銭が入ってきたなんて考えればおもしろそうだけれど、流通しなければ、寛永通宝といっしょに持っているはずがない。これは、流通していたとしか考えられない。

いろいろ伺ってみたところ、例えば、山口啓二[64]さんに伺うと「あ、俺も見たことがある。寛永通宝のサシを全部バラバラに崩したら、なかから清の銭が出てきたことが何遍もある」と言うんです。

それから、京都でも「町で子どもが遊んでいる銭を見たら、そうだった。けれども、あれは日清戦争あたりに入ってきたんじゃないですか」とおっしゃる学者がいたものですから、「寛永通宝のサシのなかに入っていました」と話しましたら驚いていました。貨幣研究家に聞いてもわからなかったんです。

この間、坊津《ぼうのつ》という鹿児島県の港町に行ったんですが、博多という地名がいまでもありまして、唐人町もあったんです。ここは鑑真(65)が流れ着いたところで、古代のある時期、相当の貿易港であったことは間違いない。いまでも昔の鎌倉と同じように、浜に行けば青磁や白磁のカケラが散らばっている。観光客が拾っていくようになったので、いまのうちに全部拾い集めなければ、なんて文化財の人が言っていました。そんなところですから、清の銭と巡りあえたわけです。

坊津に清の銭が入ってきているとなると、「江戸時代の日本は鎖国していた」といわれているけれども、「鎖国」という言葉はあまり使わないほうがいいような気がします。清との関わりが相当あったのでしょう。逆に寛永通宝が、明だったか、朝鮮半島だったか、ああいう似た見つかっているケースもある。だから、銭というのは、案外庶民の間では、あのような格好をしているものだったら、何でも流通していた可能性がある。永楽銭が使用禁止されていたのは確かなのですが、外国銭が庶民に徹底して禁止されたなんてことはないでしょうね。

「刀狩り」だってそうでして、刀狩りで庶民の武器がすべてなくなったなんてことは、まったくウソなのです。近世でも、ある程度以上の百姓は、みな脇差を持っている。藤木久志[66]さんが書いていますが、脇差を持つことが元服のしるしだというのです。刀狩りをした上で、帯刀許可を個別にやっていくらしい。船頭だって町人だって百姓の上層へだって、ちゃんと帯刀を許可している。だから、江戸時代の山の争いなんていうと、みな刀や脇差を持ち出している。

刀狩りをしたことは事実です。しかし、庶民が全部刀を持たなくなったなんていうことは、まったく歴史的事実ではない。

銭から脱線しましたが、清の銭が入っていることは本当です。銭がなぜ鋳造されなかったのかという問題は、どんな歴史家に聞いてもまだ正確な答えが得られないことだと思います。

質問者3――今日のお話で、一つの論点は「負担するから自由である」ということだと思います。古代の農民、中世の農民と現代の人間を比べて、信仰生活という面から見て、

どちらが幸福かわからないという話が亀井勝一郎[67]さんからありまして、納得できないものを持ちました。

それに対して、高校の教科書の解答は、支配の厳しさを強調したものであったわけです。つまり、重い負担体系を持った律令制度を突き崩す、浮浪、逃亡といった農民の抵抗のなかに歴史の進歩があるし、中世末の農民闘争が、収奪の体系を一本化したという点で進歩だ、負担に対する抵抗のなかに自由を見るというのが、一〇年くらい前の歴史の成果だと思いますけれど、今日のお話は逆に、負担をするから自由だという点を出されたわけで、それで解釈することになりますと、信仰生活から中世農民の幸せを導き出した視点と、ある意味では似通ったところがあるのではないかという気がするのですけれども、いかがでしょうか。これが一点です。

それから、農民が自発的に年貢を出す対象は、権力機構の脇に立つという点で言えば、究極的には天皇家ということになるんですけれども。

農民の自由と、天皇の不執政、執政の話を別個に理解していく分にはわかりやすいですが、もしこれを二つつなげて考えますと、天皇不執政にあった室町期以降農民の自由が失われたという構図になるのかならないのか。なるのではないかという批判もあるのではないかと思います。

質問者4——質問者3の方と基本的な部分では似ていると思うのですが、「負担と自由」ということでお聞きしたいと思います。

国家財政の基本として、祖・庸・調があったのは知っていましたが、今日、贄《にえ》というのがあると聞きまして、贄が中央政府から見て収奪の一つだったということはわかります。それが、納める側からすれば、当然そこでは違う意味が付加されているんだろうと思います。贄は単に収奪だけとは考えられないんだと。負担と自由論の根幹をなすものが出てくるのかなということです。

贄は単純な収奪というだけでなく、さっきと同じような問題がこの場合でもあると思います。調・庸と同じような問題が、です。

非常に根本的な問題になるので、これからもいろいろ議論しなければいけない点もあるんでしょうが、後のご質問のほうからお答えします。

当然中世の年貢や江戸時代の年貢は、究極的には天皇に出されたとは言えないんです。ただ、荘園領主がみんな「公方」といわれていたわけです。お寺でもそうです。これは本来、将軍のことなんです。問題は、この「公《おおやけ》」だと思うのです。「公」というのは、いったいどういうものか。江戸になったって、「公儀」に対して年貢が納められた。明治になって、頭が全部変わっても、地租改正[68]が本格的に行われるまでは、明治三年までは確実に前と同じです。

逆に、伺いたいんですが、先ほどの考えだと、年貢廃棄の闘争というのが出てこないとウソなんです。年貢廃棄闘争というのは、ないはずです。もし年貢の対捍《たいかん》（拒否して徴収に応じないこと）が自由だとしたら、もっと自由になろうとしたら、年貢を払わなければいいんです。それはいかがですか。

年貢廃棄闘争というのは、ついに日本史では一つもないと思いますよ。それは問題だと思うのです。対捍の論理だけで言うと、根っこが掘り出せないんじゃないかと思います。

私が言っていることを、天皇がいるから自由を保障してくれたと受け取っている向きもあるようですが、逆に「公に奉仕する」という意識が、日本の場合、自己の自由を保障する形になっていると思うのです。

だから、現在でも公共の福祉に弱いわけです。だいたい、税金の使い方について、自分が出した金ですが、アメリカがいいというわけではないですけれど、アメリカの納税者の税金の使い方に対する意識に比べたら、はるかに弱いところがあるわけです。そういうマイナス面は、いくらでも拾い出せます。

古代の場合でも、自発的に、平民が年貢を出していた、強制によって出していたんじゃない要素があるということを考えない限りは、古代の国家のあり方にせよ、理解できないんじゃないかという気持ちは持っています。

それからもう一つ申し上げておきたいのは、「自由」ということの意味をどう考えるか、ということだと思うんです。日本で自由という言葉そのものの意味が、決してヨーロッパで使われている自由とは同じでないということですね。これは、かなりはっきり意識しておかなければいけないことで、「自由民」というと、日本語の意味で自由民と受け取られているようだと思います。

どういうことかと申しますと、日本語の自由というのは、自由勝手といいますか、マイナス評価がどうしてもついているんですね。自由主義というのは、マイナス評価ということになり得るわけです。戦前の自由主義に対することもあったわけですが、それが一般庶民のなかにも割合あっさり受け入れられる。

有名な話ですが、柳田国男が、明治になって自由、自由になって、博徒が家の前にやって来て、酔っ払って寝ているのを何とかしようとしたら、ここで寝るのが自由の権だと言うのを聞いてから、自由民権に対して、イヤな感じを持つようになったということがありました。それと同じような語感が、日本人のなかにあるようですね。

だから、自由というと、移動もできるし、何でもできる、そういう状態にないやつは、全部自由を制約されている、だから日本の社会には自由民というのはどこにもいなかったという話になってくるのが、根底にあるような気がします。

先ほどから言っていますように、この場合の自由というのは、共同体の成員権ということです。ローマ史の弓削達《ゆげとおる》(69)さんから伺ったんですが、ローマの自由民といっても、負担をしていないわけではない。ローマ帝国があって、後で支配した共同体がいっぱいあるわけですけれども、ローマ帝国に対する負担は、いろいろ負っているわけです。当然軍役などもです。だけれども、自由民であると、ローマ史では言っているそうです。それと同じような意味で、共同体で一人前だという感覚で見ていただいていいだろうと思うんです。出さないと一人前ではなくなってしまうと。

自由ということを考えるときの本質的な要素の一つになると思うのです。その自由と、共同体から排除されたことによって得られる自由、近代的自由に近い、何といいますか、鳥のごとき自由といいますか、そういう自由も当然あったわけですね。

これと、共同体成員としての自由とは、鋭く対立することは、十分起こり得るわけです。負担することによってある自由が得られるということの意味は、決して近代的な意味で使っているわけではないのです。

その上で、さっきの質問の最初のほうで申しますと、年貢からの逃散《ちょうさん》、浮浪というのは、自由の権利の積極的駆使になるんでしょうか。

支配者のほうが、庸の未進を頻々と免除する。ここからここまでの調・庸の未進は帳消しということを何度もやりますけれども、そういうことをせざるを得ない、一種の徳政ですけど、ずいぶん古代からやっている。仁政という意味ではなく、さっき言ったように、平民が自発的にやっているからこそ、そういうことをやらざるを得ないということではないでしょうか。

質問者4——自発的に出したことと、自発的に出した負担が体制化してしまうという問題は、別のことではないでしょうか。

未進の場合、どういう措置をして、出さない場合はそういう扱いにするとかいうのは制度の問題、権力の問題だと思うのです。

それは当然でしょう。だから、そういう体制は否応なしに崩れていくわけです。

質問者4——体制の矛盾で考えていますので、自発的な貢納を前面に出してしまうと、いろいろと疑問が残るのです。「体制化の側面」が一点、「公」の問題について言いますと、「公方」という言葉が出てくるのは南北朝以降……。

いや、鎌倉の中・後期です。

質問者4——鎌倉中期の段階で、御家人に「公」なんてことはあり得ないわけで……。

ああ、御家人が「公方」を名乗ることは、あり得ないのです。

質問者4——「公」を掌握しているのは天皇で、間違いないわけですね。鎌倉段階では、理念的には唯一「公」を把握していたのは天皇だと考えて差し支えないと思うのですが、室町以降になると、天皇とからんだ関係で「公方」という言葉が使われたりして、言わば理念的にも天皇に「公」が付随している。やはり構図としては、共同体の自由と近代的な自由と言われると難しいのですが、共同体成員としての自由も失われてくる。

いや、共同体成員としての自由は、江戸時代まで続くんです。

質問者4――移動、遍歴の自由、被差別問題が出てくる。マイナスイメージの転換といいますか、そういう構図として出されているわけですね。それに対して、天皇権の衰微というのを対比させると、天皇権の衰微した段階で、マイナスイメージのものが出てくるということになるんじゃないでしょうか。

いまの遍歴、移動の自由の問題と、今日申し上げた自由は一応区別して考えております。「公」という言葉を白川静さんの『字統』(70)でひいてみたら、首長の人そのものを表している、一般の平民そのものの要素はない。ある程度共同体の建物でもあるけれども、首長自身の館でもある、そういうものがまさに「公」であると思います。それが全部収斂《しゅうれん》されて制度化されたものが、天皇ということになるんでしょう。

ただ、「公」という言葉、「公界《くがい》」という言葉には、そういう要素が確実にあると思うんですけれども「公界をする」という言い方は、「村のなかの共同の公事をやる、共同の労働をやる」ということです。

「公」というのに、本当の意味の公共といいますか、平民自身の公意識、自分たち自身の公という意識が出てくるのは、時代が下れば下るほど強くなるわけです。

ところが、その段階になると、逆に差別が強くなるんです。だから、遍歴、移動の自由、つまり共同体を超えて出て行く自由と、成員権としての自由は非常に鋭く矛盾することがあり得ると思います。

遍歴の自由については、時代が下るとともに制約がきつくなってくる。それは、天皇がだめになったからそうなったというより、もっと違う要素が入ってくる。そういう要素が入ってくるから、天皇はだめになってくるんです。しばしば言われるように、天皇の保護がなくなったから、そういうのが落ちてくるんではなくて、社会の転換のなかで、そういう要素が出てくるから、天皇の権威、権力もだめになってくるんですね。裏返して考えているつもりなんですけれど。

まだ、たくさん疑問が出てきて当然なんです。

さっきの、江戸時代の平民百姓が自由民なんていうのは、山口啓二さんが「江戸時代の農民には、自由農民的な要素がある」と言っていらっしゃるのが唯一ではないかと思うんですが、いまの場合でも、自由についてあれだけご説明したつもりでも多少の誤解が残りますので、なかなか言い方は難しい。

農奴、隷属民というと、全部隷属になってしまう。それで通していいのか、隷属民と農民はどう違うのか、どういう言葉で表現したらいいのか、いい知恵を教えていただけるとありがたいのですが……。いい知恵はありませんか。

会場の声――同じ自由と使っても、いろんなレベルが想定されるということで……。

はい、『中世の風景』[71]（中公新書）のあとがきでも一応、弁明はしておいたつもりですが、自由という言葉を使うのは難しいですね。でも、やっぱりそうとしか表現できない。

会場の声――自由という言葉を使いますと、どうしても近代的自由ということで解釈してしまうことがありますので、そこで生じる誤解はやむを得ないことではないでしょうか。

南米に行ったりして、また『敗者の想像力』[72]（岩波書店）なんていうおもしろい本が出たりしたものですから、関心を持ったのですが、インカの一般成員をスペインの国王は一貫して「自由民だ」と言うわけです。それに対して、現地に行っているエンコメンデロという一種の封建領主的なやつは、自分の農奴にしてしまうわけです。そうするとスペイン国王は「インカは自由民だ。エンコメンデロはそんなことをしちゃいかん」と言うわけです。

この場合、まさに自由の保護者として王様たちが現れてくるんです。だから、封建領主の農奴化の動きに対して、中間を排除して直接人民を支配したいからそういうことを言うわけですね。王様にしても、何も条件がないところでそんなことは言えないわけですから、そういう実態がなければ言えない。

そうすると、日本において、「自由」という意味があらゆる場合に使えなくなってしまう。

『翻訳語成立事情』(73)(岩波新書)を読んだら、freeを「自由」と訳したのは翻訳者の大失敗であって、それによって日本には本当の意味の「自由」が定着しにくくなったという意味のことが書いてあったんですけれども、そういうことはありますね。

「農奴」だってそうです。漁民研究がやりにくくなった。こういう言葉を全部注意しながらやっていくと、学術用語の総点検をする必要が出てくる。だから、現状では多少の誤解があっても、私は「自由」という言葉でやる以外ないと思います。

司会——それでは、もう四時間をこえておりますので、今日はここまでということにさせていただきたいと思います。網野先生、どうもありがとうございました。

註

（1）網野善彦『日本社会の歴史』上中下（岩波書店、一九九七年）。

（2）**インカ帝国**（インカはInca）十二世紀前半頃、南米アンデス山中にインカ部族が建てた国家。十五世紀頃から強大になり、エクアドルからチリに及ぶ大帝国を築いたが、一五三三年、スペインのピサロに征服された。その独自の高度な文明はインカ文明と呼ばれる。

（3）**クスコ**　南アメリカ中西部、ペルー中南部の都市。クスコ州の州都。ウルバンバ川の上流、アンデス山脈の標高三三九九メートルの高原盆地に位置する。人口三四万八九〇〇人（二〇〇七年）。かつてのインカ帝国の首都で、インカ帝国時代の遺跡が各所にみられ、ペルー最大の観光都市である。市街地は一九八三年に世界文化遺産として登録されている。

（4）**秀吉の朝鮮に対する出兵侵略**　文禄元（一五九二）年から慶長三（一五九八）年にかけて豊臣秀吉が明の征服を目的に二度にわたり朝鮮に出兵した侵略戦争。文禄・慶長の役、壬辰・丁酉の倭乱ともいう。

（5）網野善彦『日本中世の民衆像』（岩波新書、一九八〇年）、網野善彦『中世再考――列島の地域と社会』（日本エディタースクール出版部、一九八六年）、網野善彦・石井進『米・百姓・天皇――日本史の虚像のゆくえ』（大和書房、二〇〇〇年／ちくま学芸文庫、二〇一一年）。

（6）鈴木公雄「日本の新石器時代」（『講座日本歴史1　原始・古代1』東京大学出版会、一九八四年)。

(7) 小林和正「出土人骨による日本縄文時代人の寿命の推定」(『人口問題研究』一〇二号、一九六九年)、小林和正「縄文時代人の寿命をさぐる」(『数理科学』一七〇号、一九七七年)。

(8) **口蓋裂** 口蓋が縦に裂けている疾患。胎児期に左右の上顎突起《じょうがくとっき》が完全に融合しなかったもの。口腔と鼻腔がつながっているため、哺乳・発声などに障害がある。

(9) **ポリオ** ポリオウイルスによる急性伝染病で、脊髄神経の灰白質が侵され、夏かぜのような症状が現れたのち、急に足や腕が麻痺して動かなくなる疾患をいう。急性灰白髄炎、脊髄性小児麻痺とも呼ばれていた。

(10) **ネアンデルタール人** 旧人段階の化石人類。一八五六年、ドイツ、デュッセルドルフ近郊のネアンデル谷の石灰岩洞穴より、一体の人骨が偶然に発見。人骨の頭蓋容量は現生人類なみ。年代としては一五万~三万五〇〇〇年前に生存していたと考えられる。

(11) 渡辺誠『縄文時代の知識』(東京美術、一九八三年)。

(12) **時宗** 第五章参照。

(13) **編衣** 網衣。網のように目の粗い布で作った衣服。僧尼の衣服や経帷子にする。時宗で用いる十二道具の一つ。

(14) **曾畑式土器** 熊本県宇土市の縄文前期を主体とする集落跡の曾畑貝塚から出土した土器。朝鮮半島の櫛目文土器と関連をもつといわれる。

(15) **登呂遺跡** 静岡市駿河区登呂五丁目にある弥生時代後期の農業村落址。一九四三(昭和一八）年軍需工場建設工事の際に偶然発見され、同年および四七～五〇年と六五年に発掘調査が行われた。狩猟・漁撈具をはじめ、農具、建築用材、織機、五弦琴、土器、指輪形・腕輪形銅製品などの装飾品など、貴重な遺物が多数出土した。

(16) 都出比呂志「原始土器と女性」（『日本女性史　第一巻　原始・古代』東京大学出版会、一九八二年）。

(17) 高群逸枝『母系制の研究』（大日本雄弁会講談社、一九五四年）。

(18) **後醍醐天皇**（一二八八～一三三九年）鎌倉～南北朝時代、第九六代天皇。在位一三一八～三九年。正応元年十一月二日生まれ。後宇多天皇の第二皇子。母は藤原忠子（談天門院）。花園天皇の譲位をうけて即位。大覚寺統。院政を廃止し親政を行う。鎌倉幕府打倒の兵を挙げて敗れ、一時隠岐に流されるが、楠木正成、足利高氏（尊氏）らの働きで討幕を果たし、建武の新政の実行をめざす。しかし新政への武士らの不満を担う尊氏は、別に光明天皇を擁立（北朝）し、室町幕府をひらいた。天皇は吉野にのがれて南朝をたて、北朝や尊氏と対立した。

(19) **『増鏡』** 南北朝時代の歴史物語。三巻。作者は二条良基が最有力視されている。内容は承久の乱と元弘の変を両極にして、その間の後鳥羽院の隠岐配流をはじめ、順徳上皇、土御門上皇の遠島配流の様子や南北両朝迭立に揺れ動く公武社会の様子、蒙古襲来等を描く。特に宮廷における行事や公家文化についての記事は詳しい。朝廷中心に描かれており、公家の目で世の中を見ているところに特徴がある。

(20) **『とはずがたり』** 鎌倉後期の日記。五巻。後深草院二条作。徳治元（一三〇六）年以後に成立。一四歳で後深草上皇の寵を得て、宮廷生活を送ったときの愛欲の記録や、三一歳で出家後、諸国を巡った旅の見聞・感想を記したもの。

(21) **磐井の反乱** 継体天皇二一(五二七)年に筑紫の国造磐井が大和朝廷に敵対して起こした乱。新羅に奪われた南加羅を復興するために任那《みまな》に向かう朝廷軍を、新羅と結んだ磐井が妨害。朝廷は物部麁鹿火《もののべのあらかび》を派遣してこれを制圧した。従来、大和朝廷の朝鮮出兵の負担に耐えかねた地方豪族(国造)の反乱というのが通説であったが、近時、この乱は、畿内王権とそれとは相対的に自立性をもった筑紫勢力(北部九州勢力)との外交権掌握をめぐる対立であり、筑紫勢力は畿内王権を離れて独自の「政権」形成への道を模索していたのだとする見解が有力になりつつある。

(22) **八女** 福岡県八女市。

(23) **蝦夷** 古代、北陸・関東北部から北海道にかけて居住した人々。大和朝廷から異民族視され、大化の改新後は朝廷の征討によってしだいに北方に追われ、しばしば抵抗した。日本古代史上、北東日本に拠って、統一国家の支配に抵抗し、その支配の外に立ち続けた人たちの呼称。「えみし」「えびす」ともいう。

(24) 網野善彦『東と西の語る日本の歴史』(そしえて、一九八二年/講談社学術文庫、一九九八年)。

(25) **百済** 古代朝鮮の三国の一。朝鮮半島西南部に拠った王国。四世紀半ばに部族国家の馬韓北部の伯済国が建国。建国当初より日本とは友好関係を保ち、日本に仏教その他の大陸文化を伝える。六六〇年、新羅・唐連合軍に滅ぼされた。ひゃくさい。

(26) **桓武天皇**（七三七〜八〇六年） 奈良〜平安時代前期、第五〇代天皇。在位七八一〜八〇六年。天平九年生まれ。光仁天皇の第一皇子。母は高野新笠。長岡、平安と二度都を移した。坂上田村麻呂を征夷大将軍として東北地方に派遣するなど、律令国家としての再建をはかった。

(27) **高句麗** 古代朝鮮の三国の一。紀元前後にツングース系の扶余《ふよ》族が建国。朝鮮半島北部を中心に領土を広げ、四世紀末、広開土王のとき最も栄えた。四二七年以後平壌に都し、百済・新羅と抗争。六六八年、唐・新羅の連合軍に滅ぼされた。高麗《こま》。

(28) **贄** 神などに供える神饌を指す場合と、天皇の食膳に供されるために諸国から調進される食物を指す場合がある。制度上では後者が重要である。贄の制度は、律令制度が導入される以前、大和朝廷の時代からあった日本独自の制度といわれ、征服された人々が征服者に食物を貢進する服属儀礼の一種と考えられている。律令制度が整備されてゆくと、一部は調となり残りは贄となったが、租・庸・調などと異なり、令の規定外の制度として存続した。

(29) **租** 律令制における基本的物納課税の一。口分田・位田・功田などに課され、田一段につき稲二束二把（のち一束五把）を納めるもの。正倉に蓄積されて、毎年の出挙による利稲は地方各国の財源となった。

(30) **庸** 律令制における租税の一。養老令の規定では、正丁《せいてい》一人一年間に一〇日間の労役を提供するかわりに布二丈六尺を納める人頭税であった。布のほか、米や塩など地方の産物をあてることもあった。

(31) **調** 律令制下の基本的物納租税の一。大化の改新では田の面積及び戸単位に、大宝律令では人頭税として課せられ、諸国の産物（絹・綿・海産物など）を納めたもの。庸とともに都に運ばれ国家の財源となった。みつぎ。

(32) **雑徭** 正丁等を年六〇日以内地方で使役する力役。

(33) **木簡** 文字を墨書した短冊状の木片。飛鳥時代以降、近世に至るまで紙と併用された。その存在が本格的に注目されるようになったのは、一九六一（昭和三六）年奈良市の平城宮跡で奈良時代の木簡が出土して以来のこと。その後、全国各地で出土例が増え、現在では飛鳥時代以降、各時代にわたる木簡が多数確認されている。記載内容は、①記録・文書、②習書・落書、③付札に大別される。ほかに呪符・卒塔婆などを木簡に含める場合もある。

(34) **『延喜式』** 養老律令に対する施行細則を集大成した古代法典。五十巻。九〇五（延喜五）年編纂開始、九六七（康保四）年施行。三代格式のうちほとんど完全な形で残っているのは本書だけであり、しかも規定の内容が微細な事柄に及び、日本古代史の研究に不可欠のものである。

(35) **口分田** 律令制土地制度の中心となった地目。六歳以上のすべての良民、賤民に班給され、死亡すると収公された。班給額は良民の男子は二段（約二三アール）、女子はその三分の二（一段一二〇歩）であり、賤民中の官戸・公奴婢の口分田は良民男女と同額であったが、家人、私奴婢は良民男女のそれぞれ三分の一であった。

(36) **運脚** 律令制の下で、地方から中央への貢納物の運送に従事した人夫で、脚夫、担夫とも称される。

(37) **常陸**　旧国名の一。東海道に属し、現在の茨城県北部。

(38)「**貧窮問答歌**」　万葉集巻五にある山上憶良の長歌。貧しい生活の苦しさを問答の形式で歌った長歌および反歌一首。長歌は貧窮者二人の問答という形式で歌われ、粗末な廬、すなわち竪穴住居に住み、わずかな寝具で寒さをしのいでいる農民の姿、これに対してむちを持って租税を督促する里長の過酷さなどが描かれている。

(39) **皇国史観**　日本の歴史を、万世一系の天皇を中心とする国体の発展・展開と捉える歴史観。日中戦争・第二次世界大戦期に支配的となった。

(40) **天武天皇**（生年不詳〜六八六年）　在位六七三〜六八六年。舒明天皇の皇子。母は宝皇女（のち皇極・斉明天皇）。天智天皇の同母弟。天智天皇の子大友皇子との皇位をめぐる壬申の乱に勝利し、飛鳥の浄御原宮で即位。天皇中心の政治の確立をめざし、飛鳥浄御原令や八色の姓《かばね》などを制定した。皇后は鸕野讃良《うののさきら》皇女（持統天皇）。朱鳥元年九月九日死去。

(41) **武烈天皇**　生没年不詳。記紀によれば第二五代の天皇。在位は五世紀末から六世紀初め頃。

(42) **継体天皇**　記紀に第二六代と伝える天皇。没年は五二七年、五三四年の説もある。応神天皇の五世孫とされる。

(43) **欽明天皇**（五一〇〜五七一年）　記紀に第二九代と伝える天皇。継体天皇の嫡子。継体天皇の死の直前、もしくは直後に即位し、安閑・宣化両天皇の「王朝」と並立したという説がある。

(44) **太政官**　律令官制における行政の最高機関。日本独自の官制。官制上は神祇を司る神祇官に対し、行政全般を司るのを任務としたが、実際には神祇官をも統轄下に置いていた。

(45) **嵯峨天皇**（七八六～八四二年） 第五二代とされる天皇（在位八〇九～八二三年）。名は神野（賀美能）。桓武天皇の皇子。一五年の治世ののち、八二三（弘仁一四）年淳和天皇に譲位後、八四二（承和九）年に没するまで、上皇として家父長的権威をもって朝廷を抑え、古代史上まれな政治的安定期を出現させた。『弘仁格式』『内裏式』などの法典が編纂され、検非違使・蔵人所など宮廷の機構が整備され、地方政治も意欲的に行われた。天皇自ら漢詩文、書道をよくし、中国風の文化が栄えた。空海、橘逸勢《たちばなのはやなり》とともに三筆に数えられる。

(46) **鏃** 「ぞく」とも読み、矢尻とも書く。矢の先端につけた刺《し》突具《とつぐ》。材質によって石鏃《せきぞく》、銅鏃、鉄鏃、その他に分けられる。

(47) **一大率** 三世紀の邪馬台国の時代の官名。一大率は邪馬台国が、北方の国々を検察するために派遣した官で伊都国に駐留していた。

(48) **荘園** 奈良時代から戦国時代にかけて存在した中央貴族や寺社による私的大土地所有の形態。本格的展開をみた平安時代後期以降は、荘園と国衙領が政治・社会・経済の根幹を規定する地位を占め、その社会はしばしば荘園公領制社会と呼ばれる。鎌倉後期以後、武士に侵害されて衰え、応仁の乱および太閤検地で消滅。

(49) **国衙領** 荘園が各地で増加するなかで特定の荘園とならないで諸国の国衙が支配した土地。十一世紀以降、郡、郷、保、村、名などの諸所領から構成されるようになる。

(50) **郷** 律令制における地方行政区画の最下位の単位、里を奈良時代に改めた称。

(51) **保** 平安末期から中世を通じての、荘・郷と並ぶ国衙領内の行政区画の一単位。ほう。

(52) **名**　平安後期から中世にかけて、荘園・国衙領における年貢・公事などの収納単位。名に編成され、管理・徴税責任者たる名主によって統轄される田地が名田。

(53) **公文**　古代・中世の公文書、転じてそれを取り扱う職掌をいう。諸国から中央政府に出した大計帳・正税帳・朝集帳・調庸帳を特に四度の公文という。時代が下るにしたがって寺社や貴族・武家権門の発給する文書も公文と呼ばれるようになり、家政機関としての公文所が成立した。荘園制の発展に伴い荘園の事務を司る下級荘官の呼称となった。

(54) **鹿島八幡宮**　茨城県鹿島市にある神社。旧官幣大社。主祭神は武甕槌命《たけみかづちのみこと》。古くから武神として東国の武士に信仰された。社殿は重要文化財。常陸国一の宮。

(55) **賀茂神社**　京都市の賀茂別雷《わけいかずち》神社（上賀茂神社）、賀茂御祖《みおや》神社（下鴨神社）、またその祭神を各地に勧請した神社のこと。上賀茂社・下鴨社は古くより朝廷の崇敬を受ける。上賀茂神社は京都市北区上賀茂本山に鎮座し、賀茂別雷神を祀り、下鴨神社は京都市左京区下鴨泉川町に鎮座し、玉依媛命《たまよりひめ》、賀茂建角身命《たけつのみ》を祀る。

(56) **堅田**　滋賀県南部、大津市の一地区。旧堅田町。琵琶湖最狭部の西岸に位置する。古くから西近江路と湖上交通の要衝として栄え、戦国時代には堅田水軍が活躍した。

(57) **出挙**　古代に行われた稲粟、銭、財物の利息付き貸付。国家が行うものを公出挙、民間で行われるものを私出挙といった。

(58) **地子**　地代の一形態。土地の産む利子の意味。「ちし」とも読む。

(59) **下地中分**　十三世紀中頃（鎌倉中期）から十四世紀末頃（南北朝末期）まで行われた、土地をめぐる争論で土地すなわち下地を分割する方法である解決をはかる方法。主として荘園領主本家、領家と地頭の間で実施された。
(60) **和同開珎** 七〇八(和銅元)年に発行された、皇朝十二銭の最初の銭貨。
(61) **蓄銭叙位令** 和同開珎鋳造後、銭貨普及のために七一一年に発布した法令。蓄えた銭を政府に納めさせ、その額に応じて位を昇進させることにした。
(62) 梅原猛『隠された十字架――法隆寺論』(新潮社、一九七二年/新潮文庫、一九八一年)。
(63) **宗門改帳** 「宗門人別帳」「宗門帳」ともいう。江戸幕府がキリシタンの禁圧・摘発のために設けた制度が宗門改で、各家・各人ごとに宗旨を調べ、檀那寺に信者であることを証明させ、その結果を毎年村ごとに記録した帳簿。明治六年に廃止。
(64) **山口啓二**(一九二〇~二〇一三年) 歴史学者、専攻は近世史。著作に『幕藩制成立史の研究』『鎖国と開国』など。
(65) **鑑真**(六八八~七六三年) 唐の僧。嗣聖五年生。日本律宗の開祖。揚州の大明寺で律を講じる。唐にわたった栄叡等の要請で五回の渡航失敗、失明をのりこえ、天平勝宝五(七五三)年来日。聖武上皇らに授戒し、七年東大寺に戒壇院を設立、翌年大僧正となる。天平宝字三(七五九)年唐招提寺をひらいた。
(66) **藤木久志**(一九三三年~) 歴史学者、中世・近世史。著作に『戦国社会史論』『豊臣平和令と戦国社会』『村と領主の戦国世界』など。
(67) **亀井勝一郎**(一九〇七~六六年) 評論家。著作に『大和古寺風物誌』『我が精神の遍歴』など。

(68) **地租改正** 一八七三(明治六)年以降明治政府が実施した土地・租税制度の改革。これによって近世の石高制による貢租制度は廃止され、私的土地所有を前提にした定額金納地租が課せられることになった。

(69) **弓削達** (一九二四〜二〇〇六年) 西洋史学者。著作に『ローマ帝国の国家と社会』『地中海世界とローマ帝国』『永遠のローマ』など。

(70) **『字統』** 白川静『字統』新訂(平凡社、二〇〇四年)。

(71) **『中世の風景』上下** 阿部謹也・網野善彦・石井進・樺山紘一著、中公新書、一九八一年。

(72) **『敗者の想像力――インディオのみた新世界征服』** N・ワシュテル著、小池佑二訳、岩波書店、一九八四年。

(73) **『翻訳語成立事情』** 柳父章著、岩波新書、一九八二年。

第四章　日本人・日本国をめぐって——中世国家成立期の諸問題

一九八六年（月日不明）　藤沢市労働会館

司会――本日はお忙しいなかをお集まりいただきまして、まことにありがとうございます。藤沢でささやかな学習会を続けてきたメンバーの一人として心よりお礼申し上げます。

網野さんに藤沢で講演していただくのは、今回で四回目ということになります。これはなにか統一的なテーマに沿って連続的に話していただくということではなく、私たちが学習会を続けているなかで、その時々に疑問に思った点や興味を持った点について、適当にといいますか、その場限りの題をこしらえて、その問題について無理やり話していただくというような、非常に虫のいい話でこれまで三回やっていただきまして、今回もまたそういう形でこの講演会を企画したわけです。

私たちがこのような講演会・研究会を行っている共通の問題意識としましては、われわれは民族とか国家といった問題を、もう少し深く、具体的な歴史的形成過程を踏まえた上で、総体的に捉える必要があるのではないかということがあります。このことは現在進められつつある(昭和)天皇在位六十周年記念式典の問題であるとか、小中学校における日の丸・君が代の強制化等々の問題を考えるとき、私たちは自分が日本人であること、日本国民であることを非常に厳しい形で今後問われていく。そのような情勢が、私たちの目の前にあるのではないかと思います。そういう時代の流れに対して、単に感情的に反発するとか、イデオロギー的に反対するというだけでなく、いったい、日本人とか日本国といったものが、いかなる歴史的な過程を経て形成されてきたのかということに関して、できる限り総体的に――これは支配者から民衆の意識までを踏まえて総体的にという意味――、また具体的に、実証的に捉え直すなかで、現在の私たちが置かれている情況・位置というものを確認して、否定するべきものを否定するだけの根拠を持っていきたいと思っております。そのような観点から、今回は網野さんのご専門でありますす中世期の国家の成立に関する諸問題というテーマで、いろいろお話を伺ってみたいと思います。また従来通り講演後に討論の時間を設けていますので、みなさま方の活発で積極的なご質問・ご発言をお願いします。

ただいまご紹介いただきました網野です。どういうご縁であったかちょっと覚えておりませんが、今日まで四回こちらにお邪魔しておりまして、先ほどのお話のような主旨でその時々に考えておりましたことをいろいろお話ししてまいったわけです。こちらの会の方が三回目の講演内容をまとめてくださいました。これはたいへん多忙をきわめておりましてまだ手を入れることができておりませんが、ただ三回目に何を話したかということを一応見返してまいりました。しかし、これからお話しすることも、この四、五年考え続けてきたことでありますので、前にお話ししたこととダブってしまうこともいろいろあろうかと思います。

「日本民族」とは

いま司会の方がおっしゃいましたように、確かに現在の社会の情況から考えまして、われわれは日本民族とかあるいは日本人というふうに、なんとなしにわかっているような気がしていたわれわれ自身の問題を、もう一度考え直してみるという必要が、非常に緊急な問題として出てきているような気がします。実はちょっと機会を得まして、あと一ヶ月後ぐらいに小学館から刊行されると思いますが、『日本民俗文化大系』第一巻で、「日本論の視座」というたいへん大きな問題を与えられました。これは本来、高取正男[1]さんがおやりになるべきお仕事だったのですが、原稿をまとめてみたわけです。今回はそれに沿って、それ以後新たに考えました問題等を含めてお話ししてみたいと思います。当然中世が中心になりますし、前回お話しした古代はなるべく除きながらお話ししようと思っております。われわれはどうも、日本民族という言葉を——戦争中の記憶がありますので、こういう言葉を使うこと自体にややためらいを持つ世代もまだいると思いますが――、もう一度考え直してみる必要があると思います。実際、われわれが不用意に日本民族と言った場合に、それが果たして日本国の国民のすべてを含むものとして考えているかどうか、かなり問題であろうと思います。そのなかにアイヌ[2]、あるいはオロッコ[3]という集団、時には琉球・沖縄すら頭から落ちている使い方をしている事例を実際に見ることができるわけであります。それを考えると、安易にそういう言葉を使うことができないわけです。少し極端に言いますと、日本民族という集団が、これまで常識的に考えられてきたような意味で果たして存在するのかどうかすら、もう一度確かめてみる必要があるというぐらいのことも言えると思うのであります。

　日本民族というのは、世界の民族のなかでもまれに見るくらい均質度の高い民族だというのが、これまでの常識でした。現状を見る限り、確かに事実だと言ってよろしいかと思うのであります。われわれ日本人の大部分は、日常生活のなかで言葉や文化の違う異民族とか、あるいは宗教やカーストの違う集団というものを意識しないで生活しているということは事実なので、これを非常に均質度の高い集団と言うことは一応可能だと思います。ところが、一歩退いてこれを考え直してみますと、均質性という言葉で表現されていることが一種の閉鎖性といいますか、他に対して自らを閉ざすときの問題との関わりで出てくることが多いと思うのです。しかも、均質度の高いということ自体が、他民族に対する一種の抑圧とか、あるいは自国の内部の少数民族に対する無視を伴っていることに直ちに気づかざるを得ない。外国人の指紋押捺制度に見られるような、ああいう無神経さとか、いま申しましたアイヌ・オロッコあるいは沖縄人に対する姿勢のなかに、このような均質性のある種の押し付けと閉鎖性を見出すことができるような気がします。

これまでいわれてきた日本民族が均質であるということの消極面に注目して考えていきますと、極言すればこの見方そのものが一種の虚偽意識であり、イデオロギーであって、それが現在日本人のなかに深く根を下ろして、常識として通用していること自体が持っている問題が浮かびあがってくるように思います。そういう一種のイデオロギーの上に立って、日本人の未来だけでなくて、人類の未来にとってもきわめて危険ないろいろな動きが最近出てきていることは、先ほど司会の方がおっしゃった通りであります。それを克服することは、われわれにとって、単に歴史を専門に勉強するものだけではなくて、日本人全体に課されている大きな問題ではないかと考えるわけであります。常識的な日本民族論の持っているある種の抑圧性と閉鎖性を克服しながら、日本民族を民族たらしめている本当の基盤と、人類の社会全体のなかにおける位置づけを明らかにしていく必要があるわけです。そのためには常識を支えてきたいくつかの見方に徹底的な再検討を加えてみる必要があります。

均質的といわれる現在の日本人のあり方が、これも司会の方がおっしゃいましたように、どういう歴史的過程を経て形成されてきたのか、日本民族といわれてきた集団が人間の社会のなかに、どういう経緯を経て成立してきたのかということをはっきりさせる必要があるわけです。均質性があるということ、これは事実だと思いますが、そのどこまでが真実で、どこまでが虚偽であるか、そういうことをはっきりさせる必要があろうかと思います。

「日本論」再検討の必要性

いままで言ってきましたことの総括のようなことになりますけれども、再検討するべき常識として、私は三つか四つの見方を挙げてみたいと思います。

一つは、日本を島国というふうに捉える見方、平たく言えば「日本列島島国論」という見方です。これは、あたかも地理的に決定された条件で日本人の均質性・閉鎖性が運命づけられているというふうな議論になっていく場合が多いわけでありまして、これはまず再検討を加える必要があると思います。

もう一つは、「稲作一元論」といいますか、以前には水田中心史観というようなことを

『日本中世の民衆像』（岩波新書）でも触れましたが、瑞穂の国日本という見方。これは従来の日本論の根底にある見方でありまして、これもどこまでが本当でどこまでがウソなのかということをはっきりさせる必要がある。その上に立って、日本が非常に古くから単一民族として存在している、つまり原日本人という時代から一種の均質性を持った単一民族として存在して、畿内を中心とする国家が成立してから後、日本列島には日本国という国家がずっと存在し続けてきたという、いちばん基本的な見方を根底から考え直す必要があると思います。これは天皇あるいは天皇制の問題と不可分の関係にある議論に当然なっていくと思います。間もなく代替りの時を迎えようとしておりますが、やはりこの問題は回避できない問題だと思います。

第三は、日本社会の内部の問題になりますけれども、いわゆる「常民《じょうみん》」といいますか、歴史上の用語で申しますと、「平民」[4]あるいは「平民百姓」、あるいは時に「公民」と呼ばれた人々の問題であります。いままで歴史学はこういう人々を、しばしばアジア的というふうに表現することが多かったのですが、そういう国家の支配下に置かれた集団として、人々として、一種の隷属民というような面だけに目を向けてきたわけです。しかし、日本民族という体質をつくり出し、先ほど均質的と言いました日本の民族的な特質を担ったとされているのは、まさしくこういう「平民」あるいは「百姓」、民俗学のほうでは「常民」

といわれている人々であります。こうした人々の生活と意識を深く追究することなしに、日本民族の個性というものを明らかにすることは、本当の意味ではできないはずでありま す。その身分をどう規定するか、日本列島の諸地域に則して実態を考え直してみるということは、どうしても解決されなくてはならない問題だと思います。そこから自然に、こういう平民の共同体から離脱・追放された人々の問題も出てくる。

これまでの常識では、そういう人々を時に「異種族」とか「異民族」と考えたり、あるいは「化外《けがい》の民《たみ》」とか「賤民《せんみん》」と規定する見方が牢固《ろうこ》としてあったと思うのです。しかし、少なくとも異種族・異民族という考え方は誤りであるということはほぼ明らかにされたと言ってもいいと思いますが、まだ常識のなかから完全に消え去ったとはいえない。これは、「非定住民」あるいは「非農業民」と私が常々申しておりますが、「職人」とも重なる問題であり、もっと追究することが必要であります。研究者のなかではほぼ明らかになったとはいっても、日本人全体のなかでは「化外の民」になり、ときに「異民族」といわれるような常識はまだ根強くあり、根本から正していく必要があると思います。

そのことは当然「奴隷」といわれるような、私的な隷属民の問題にもつながってまいります。人間がどうして他の人間を支配したり、所有したり、賤視したりすることができるのか、案外考えつくされていない問題であります。人間の本当の意味での平等と自由というものを考えるとすれば、実はこの所有したり、支配したり、賤視したりするという関係そのものを根本的に考えてみる必要があるように思います。

日本の社会に即して申しますと、例えば「おおやけ」という名のつく「公家《こうけ》」——これは天皇のことを指しています——、「公家《くげ》」「公方《くぼう》」あるいは「公儀《こうぎ》」というものに対する平民の隷属と、古代の神の賤民と書かれる「神の奴隷」、あるいは天皇の「采女《うねめ》(5)」あたりも多少それに近いと思います。そういう集団とか、中世の「供御人《くごにん》」や「神人《じにん》」のように、事実上仏の奴婢といわれる「寺奴」といわれる人々の、天皇とか神・仏に対する隷属の問題は、これまでほとんど考えられたことのない問題であるように思うのでありまして、普通の奴隷として取り上げられている。しかし、日本の「供御人」や「神人」の問題を考えますと、「神奴」といわれ、「寺奴」といわれても、これを「奴婢」と同じと考えることはとうてい不可能であります。おそらく奴隷制・農奴制という、前近代の生産関係・支配関係を規定すると考えられてきた概念だけでは、処理できなくなってきている問題があるように思います。支配・隷属・賤視の諸形態という問題を改めて追究するなかで、人類史的な法則性のようなものを解明することを通して、先ほど挙げた三つの問題を考え直し、大きな課題に近づいていくことが必要なのではないかと思います。

これは一般論でありまして、実際にはこんな大きい問題は、とうてい解決できることではないわけでして、わからないことはいっぱいあるのです。実際にはいろいろな学問が協力しながら——いまの進行を見ますとやや遅きに失した問題もあるような気もしますけれども——、これからやっていかなければならないということで、一つの試論になると思います。先ほどから挙げてきました三つないし四つの問題を、中世の具体的な事実に即して少しお話ししてみようかと思っています。

「島国論」はイデオロギー

まず、島国論でありますけれども、これはやっぱり現代日本人の圧倒的多数の常識であると思います。これまでの日本文化論というのは、だいたいそれを大前提にして論じられてきたと言っていいと思います。実際、日本は島で成り立っていることは事実ですが、それに基づいてものを言おうとする立場、方法、論を展開しようとするやり方には、だいたい二つぐらいの大きな文脈があります。一つは「島国根性」という言葉にも表れるのですが、日本人の独善性とか閉鎖性を見て、近代化に向けて島国であることを消極面で捉えようとする見方。これに対して、もう一つは島国であることに日本人や日本文化の独自性や均質性が生まれてきた基盤を求める文脈があります。後者のほうが、最近は強く言われていると思います。

つまり、日本は海によって周辺から隔てられ、海によって守られて他民族の軍事的侵略を免れ、政治的支配を受けなかった。しかも、周辺から技術や文化を吸収して、太平洋のほうには文化が流れていかないので、島国のなかで熟成してきた。それが日本文化の特質の根本にある。つまりこれは島国であることに多少とも積極的な意味を見出そうとする見方だと思うのです。現在の日本文化論のなかで、この立場に立つ見方はとても多いのではないかと思います。

ただ、日本が島国という共通の認識に立っていることでは、この二つの考え方は同じであるわけでありますが、日本国が島で成り立っていることから、この議論を言われますと疑問の余地がほとんどない、常識であるように見えるわけです。

ところが、この島国論をよくよく考えてみますと、極端に申しますとある種の俗説だと言っていいように思います。これはやや詭弁に類するかもしれませんけれども、戦前の日本は島国ではなかったわけで、それがいかに不快なことであっても、朝鮮半島を植民地として持っていた時期に、日本は島国だと言えるはずがない。だいたい、島国といわれる場合には、島国を構成する島は、本州・四国・九州を中心とする島々に限定されまして、北海道・沖縄はほとんど欠落することになっている場合が多いように思います。それを意識した議論の場合でも、琉球・アイヌの問題というのは、日本文化の源流とか、古層の問題として取り上げるにとどまっておりまして、日本列島の人間社会の歴史全体のなかで位置づけるという形にはなっていない。この議論のいちばん根底にあるのは、私の一種の我田引水になるかとは思いますが、現在の日本国内の島々と海だけが人と人を結びつけるものだと考え、他の海はすべて人々を隔てる海だ、というふうに考えなければ島国論というのは成立するはずはないと思います。

だいぶ前にこの会で申し上げたことがあったと思いますが（第一章「東日本と西日本の大きな相違点」の項参照）、波荒い玄海灘を隔てた九州と対馬の間の海を「人と人を結びつける海」、船で一時間くらいで到達できる対馬と朝鮮半島との間の海を「人と人とを隔てる海」だと考える不自然さ、これはもう南を見ても北を見ても同じでありまして、九州と奄美・沖縄の間に文化の交流があったとすれば、宮古・八重山と台湾との間に同じことがあったのは当然でありまして、どうしてこの海が人を隔て、こちらの海が人を結びつけると考えるのか。北海道と東北の場合も同じだと思いますが、北海道とサハリンや沿海州の海が人を隔てるんだというのは、まことにおかしいことだと思います。

島国論は、こうしたことを最初から無視して、現在の国境に規定されて過去を振り返っていると言わざるを得ないと思います。このなかでも最も一面的な見方といいますのは、海が人と人とを結びつける役割を果たし、日本の歴史と社会のなかで非常に大きな意義を果たしてきたということを、最初から切り落としたところに成り立っているということが大きな問題だと思います。

確か前に伺いましたときに、渡辺誠さんの議論をご紹介しまして、最近、いまのような島国論の俗説性といいますか、誤りを明らかにした考古学の成果のことをお話ししました（第三章「縄文は「日本」独自の文化か」の項参照）。

要するに縄文文化というのは、日本列島のなかで完結しているというのがいままでのある種の常識であったわけですが、渡辺さんは縄文時代前期から西北九州から朝鮮半島の東南を含む漁撈民の共通した文化があったということを明らかにされまして、弥生時代前期にかけて山陰や瀬戸内海あたりにもその文化が拡大してくる。これは、後の問題にも関連いたしますが、稲作はそういう漁撈民の活動の上にのって日本列島に渡ってきたのではないか。しかも朝鮮半島と共通する文化は、東日本の漁撈文化とかなり異質であって、相互に拒否的であるという重大なことを証明されたのです。いままでの島国論の根底にあるのは、原日本人の担う島国で完結した縄文文化の上に日本文化が形成されたという考えであります。渡辺さんの議論は、そういう見方を大きく揺るがすものだと思います。

さまざまな史実が証明する交流の歴史

そう考えて、日本列島と周辺地域との交流を時代を追ってみますと、これまで国家間の交流だけが問題にされ、これまでの交流史では理解しがたい、おそらく庶民に当たるといってよい人々の間の交流を考えなくては理解できないような事実が出てきて、まだまだ追究する余地が残っている問題だと思います。

例えば、礫《つぶて》を投げ合うという習俗が日本の社会のなかに非常に根強くあります。石合戦のことですが、この習俗は朝鮮の礫の習俗といろんな意味で酷似しておりまして、例えば「五月五日にやる」、あるいは「正月十五日にやる」ということまでよく似ている。それから私は、しぐさというのはそう簡単に変わらないものだと思うのです。古代末や中世の絵巻物を見ておりますと、女性の座り方は、みな立てひざで座っている。正座が普及するのはかなり後のことです。朝鮮では、女性の正式の座り方はいまでも立てひざであります。絵巻は西日本しか取り上げていませんが、日本と朝鮮では女性のしぐさが類似しているというのはかなり重要なことだと思います。

ただ、こういうことはもっと深く、いろいろの角度から考えてみないと簡単に断定することはできませんが、交通が単に国家間の交流だけにとどまるものではないということは、いまのようなことからも十分に考えられます。

古墳時代から律令国家のできる頃までは、渡来人がたくさん渡ってきたわけです。八世紀になって律令国家ができますと、確かに新羅との関係が悪くなったということもあり、にわかに公的な交渉だけにわれわれの目が奪われるようになる。先ほどのような庶民的な交流が落ちてしまうという傾向があるわけです。こういう傾向は、やはり国境もなく――いまだって国境があったとしても人の行き来は密入国・密出国もずいぶんあるようですから――、海上自衛隊も保安庁もないこの時代に、人と人との動きがなかったと考えるほうがむしろ非常識であると思います。なんとはなしに近代国家と同じようなイメージを、古代の律令国家に当てはめる傾向がありまして、それがいまのような見方になってしまうのではないかと思います。

九世紀以降になりますと、たちまちいまのような見方を粉砕する事実が出てまいります。これは、むかし藤間《とうま》生大《せいた》(6)さんがおやりになった中国大陸と朝鮮半島・日本列島にまたがって活動したという海賊――旗田《はただ》巍《たかし》(7)さんが海の支配者と言っておられますが――、そういう人たちの広範囲な動きを考えれば、新羅と瀬戸内海の海賊の間につながりがなかったと考えるほうが不自然だと思います。

例えば、八六六年に肥前の郡司をはじめとする在地の者が新羅人と共謀しまして、新羅に入って兵器や機械を作り、対馬を占領しようとしました。言ってみればあの水域に一つの政治勢力を作ろうとした動きが正史の『日本三代実録』[8]にはっきり出てまいります。大宰府の高官が新羅の国王と結んで反乱を起こそうとしたとか、国家の立場から言えば確かに反乱と理解されることではありますけれども、この地域の間に国家の意思とは別の、海を越えたある種の連帯感があったことを物語っています。つまり、縄文時代から海の民の交流があったという考古学によって論証されつつある事実を前提に置きますと、こういうものがなかったと考えるほうがおかしいと思います。

活発だった唐船貿易

十世紀以降の交流について触れてみますと、教科書的には普通、遣唐使が廃止された結果ある種の鎖国状態になって、日本には固有の国風文化が生まれたと説明されることが多いと思います。ところがこれも、国家中心の見方に非常に災いされている見方だと思うのであります。最近の『講座日本歴史』のなかで大山喬平《おおやまきょうへい》さんや村井章介さんが書いていますが、実態はもう明らかにされておりますように、中国大陸、朝鮮半島、日本列島間の商船の往来に伴う交流はきわめて活発であった。確かに一時期交流が衰えたこともあるようですが、国風文化の最盛期になっていきます十世紀後半ぐらいから十一世紀にかけての商船の往来では、向こうからは唐船《とうせん》といわれる船が続々と入ってきておりますし、こちらからも商人が高麗あるいは宋に出かけていったということは、向こうの史書にはっきり確認できることです。

そのことをもう少し詳しく話しますと、平清盛が日宋貿易にきわめて積極的であったことはご存じの通りでありまして、瀬戸内海から福原まで船を入れたわけですが、清盛は何艘かの唐船を自分で持っていたんですね。これはたぶん宋から買い入れたのだろうと推測されております。それを唐人の水夫に操縦させて、治承四（一一八〇）年に高倉上皇が厳島に参詣に行くときに乗せていこうとしている。あるいは、清盛だけでなくて平氏の所有物だった唐船があったようで、壇ノ浦の戦いのときに平家がこれをおとりに使ったというのも有名な話です。天皇がこの船に乗っているかのごとく見せて、源氏の兵船がそれにかかっているすきにやっつけてしまおうと思っていたのが、作戦が事前に漏れて源氏がひっかからなかったという話が知られています。とにかく清盛は唐船を持っていたわけです。

ところがこれまでの常識ですと、中世に入りまして、鎌倉幕府も貿易に積極的だったがだんだん抑制策に転じて、とうとう唐船を全部廃棄してしまう。まず、建長六（一二五四）年に五隻に制限して、さらに文永元（一二六四）年にこれを廃棄してしまうというのが通説になっている。この通説はどうもおかしいとかねがね思っていたわけです。なぜかといいますと、これは十三世紀に話がまいりますけれども、永仁六（一二九八）年に肥前の五島の沖で唐船が難破した。この唐船には北条氏一門――「関東方々御物」と書かれてありますが――が、いろんなもの、例えば砂金だとか水銀の樽、玉――これは真珠だろうと思いますが――、太刀、腰当とか武具類、それに蒔絵の硯箱とか、たいへん贅沢なものを載せて貿易に向かっていた。その船が遭難してしまった。それを島々、浦々の船頭が回収して鎮西探題《ちんぜいたんだい》から派遣されてきた関東の使いがそれを検査しているという事実がありますす。つまり、こちらから唐船を派遣しようとしているということになる。

延慶二（一三〇九）年には、帰国した唐船によって「異族が蜂起した」、つまりまた元が襲来してくるかもしれないという情報が伝えられているとか、元徳元（一三二九）年に金沢貞顕が唐船無事帰朝はたいへんめでたいというふうなことを言っているし、元徳二（一三三〇）年には関東大仏造営料唐船、正中二（一三二五）年に元に行って翌年帰ってきた船で通常建長寺船、正確には造勝長寿院・建長寺船といわれる船もある。こういう事実を考えてみますと、御分唐船という北条氏の持っている唐船が全部廃棄されたら、こんなことが起こり得るはずがないということは明らかだと思います。

つまり、文永元（一二六四）年以降、むしろさかんに唐船が派遣されていることは明白でありまして、しかも唐船が出かけてゆくときも物を載せて、帰ってくるときも幕府が正式の命令を出しまして御家人を動員して警護を命じている。

細かくなりますけれども、正中二（一三二五）年に出た唐船については、それを警護するようにとの命令が筑前国福岡の御家人・中村秀長という人に出ておりますし、翌嘉暦元（一三二六）年に帰ってきたときには、京都に運送する警護の兵士を動員せよということが、薩摩国の地頭や御家人に命令されています。たぶんこの船は博多を出て坊津《ぼうのつ》に帰ってきたのではないかと思うのでありますが、とにかく派遣する際も帰ってくる際も、幕府が正式の命令を出して警護を命じているということは、この唐船が幕府によって派遣されたことは間違いない。

他の場合にも六波羅探題が、唐船が帰ってきたということを幕府に正式に注進しているし、先にご紹介した五島沖での唐船の漂蕩の際も、関東の使い、鎮西探題、守護といった公的機関が関与しています。文永元（一二六四）年に唐船が全部廃棄されたといままで理解されてきたのが、実は鎌倉の後期、末期に近くなっても活発に派遣されていたと考えざるを得ないのです。しかも五島沖で遭難した船の船主は忍恵という坊さんでありまして――坊主というより出家した商人かもしれません――、しかも義首座という禅僧が関東から幕府の遣いとしてやってきている。義首座というのは禅僧の名前で、首座というのは禅僧の役目です。実はその後の海外貿易の動きにもこういう禅僧や律僧が関わりを持っているということは注目すべきことで、船籍が日本であったことは間違いないと思います。

早稲田大学の瀬野精一郎[9]さんが、「青方文書」[10]に出てくる唐船について触れておられまして、御分唐船停止令つまり北条氏の唐船停止令を肯定して、民間貿易船だと言っていらっしゃいます。瀬野さんは、この船についての研究論文を『神奈川県史研究』に書いていらっしゃるんですけれども、御分唐船停止令というのが重要な意味を持っているということが通説になっている。

ところがよくよく法令を見てみると、いままでの史料解釈は間違っているだろうと思うのです。つまり、文永元（一二六四）年に出された唐船の停止令は、大宰府宛に出された。つまり、全国的に出された法令ではなくて、大宰府宛に特定して出された法令なんですね。唐船を五隻に制限した建長のときの法令も同じような性格を持っていると思うのです。この解釈はおそらくいろいろと議論があると思いますが、私は大宰府が独自に派遣していた唐船を禁止して、全部鎌倉、つまり北条氏が掌握したことを示す法令と解釈すべきだろうと思います。そう解釈すれば、きわめて自然に鎌倉末の唐船の派遣を理解することができるのじゃないかと思います。

唐船は日本で造られていたのでは？

しかし、なぜこんな間違いが出てくるのかを考えますと、私はやっぱり先ほど来の「日本島国論」の影響を読み取らざるを得ない。それからもう一つ出てくる重要な問題は、唐船が日本船籍であるということでして、これまでの造船史の常識ですと、構造船つまり外洋を越えていくことの可能な貿易船というのは、室町時代に遣明貿易が行われるようになってから国内で造られるようになった、ということになっています。それではこの唐船をどう解釈する必要があるのか、宋あるいは元から購入した船なのかということに、いままでの通説ですとならざるを得ないわけです。

これは、どうもおかしいんじゃないかと思うわけです。有名な話で、陳和卿《ちんなけい》という宋人が、将軍の実朝の命令で建保四（一二一六）年から翌年にかけて、宋の五台山に参詣したいというので鎌倉の由比ヶ浜で唐船の建造を始めたところが、この船は結局海に浮かばなかったということになっている。それは事実だったのだろうと思うのですが、これが理由になって日本では唐船が造られなかったんだという根拠にされているのです。実朝が中国に行くというのは御家人たちは猛反対しているわけですから、たとえうまくいっても行けたかどうかわからない。そういう政治状況を考えてみると、これを根拠にして日本で唐船が造れなかったなんていうことは絶対に言えないだろうと思います。むしろ陳和卿という技術者によって造られようとしたことのほうが大きいように思うのです。

和船の造り方とは明らかに違うにしても、中国大陸から唐船を造ることのできる技術者が日本列島にかなり渡ってきていて、その唐船が日本で造られた蓋然性はきわめて大きいと思います。十三世紀の頃、華厳宗が日本に渡ってくる絵巻(「華厳縁起絵巻」(11))がございますね。あれに、非常にみごとな唐船が描かれている。この絵巻から、造船史の権威者である石井謙治(12)先生は、粉本《ふんぽん》が向こうにあって、それを日本の画家が写したのだろうとみています。石井さんはそうお考えにならざるを得ないのだと思うのです。つまり、歴史家の責任であるわけで、非常にみごとな唐船が描いてあるんですが、こういう具合に日本からどんどん唐船が派遣されているとすれば、無理な議論をしなくても、当時の絵描きが唐船を見ている可能性は十分にあるはずです。私はまだまだ検討の余地があると考えております。

新安沈船という朝鮮半島の新安沖に沈んだ船が引き上げられました。一昨年か一昨々年、発見された遺物の展覧会が東京国立博物館で行われましたけれども、このなかに膨大な量の宋元銭が――バラストに使ったらしくて、大きなバキュームでいくら吸い上げてもきりがない、数十トンといわれています——、船底に積まれていました。また、宋・元の青磁・白磁がたくさん載っているだけでなくて木簡が出てきたわけです。その木簡に東福寺という日本の寺の名前が書いてあり、人によっては、新安沈船は東福寺造営の費用を調達するための船だと言っておられます。ただ船はいまのところ元船だということにされています。これはどうも私は疑惑を持っているのです。一度日本の新聞に、この船が日本の杉材で造られていると出ていたのを覚えております。ご記憶の方もおいでになると思います。構造上は確実に元船なのだろうと思うのですが、日本人が乗っていたことが明瞭な道具がいろいろある。それを考えてみますと、新安沈船にしても、日本でこんな船ができるはずがないという常識でいままで考えられておりますから、これは当時の日本にそんな技術があってたまるかという気持ちは韓国あるいは朝鮮の方はお持ちのところがあるんで、あるいはその歪みがこんなところにも出てくるのかもしれないと思うのです。

それはともかくとしまして、京都の朝廷が宋や元・高麗と公式の国交を持たなかったという事実に、意識するとしないとにかかわらず規制されて——こういう活発な双方からの船の派遣・交流という問題が十世紀後半ぐらいからいろいろな面で確認されているわけですから——、鎖国状態になったので国風文化が生まれてきたという理解の仕方はまったく俗説と言うべきだと思います。鎖国というような条件ではなくて、日本の社会内部のあり方、あるいは外との交流のあり方のなかで国風文化という問題も考えていく必要があると思います。

外国と直接結びついていた西日本の領主たち

室町時代まで遡って、朝鮮半島との関係についてもう一つ問題を挙げておきますと、高橋公明さんが提起された後、村井章介さんが去年の『思想』の六月号で議論されていることですけれども、文正元（一四六六）年に朝鮮国王にとってたいへんおめでたい「観音現象」ということがあったらしい。それに関連して翌年——ちょうど応仁の乱が起こった年でありますが——から二〜三年にかけて、九州・瀬戸内・山陰・畿内・北陸の海辺の非常にたくさんの領主たちが、おそらく独自に朝鮮国王に慶賀の使いを送っています。守護や守護代もおりますが、なかには海賊大将軍なんて自ら名乗っている領主も何人も見えます。これは西日本の海辺の人々と朝鮮半島との長い密接な関係の端的な表れだと見て間違いないことであります。もっと端的に言えば、室町将軍、つまり当時の日本国王の権威が最低まで低下した応仁の乱前後のことでありますから、私は領主たちにとっての権威が、日本国王のみではなかったということを物語っていると言ってよかろうと思います。

これについてはもう深く立ち入りませんが、日本海沿岸の領主たちの名前がずっと出てくる。いちばん東限が若狭なんですね。最近山陰の海上交通についての研究の労作を発表された井上寛司さんによると、山陰の交流は出雲あたりが一つの拠点になる。北のほうからの交流もやはり若狭が接点になっているようなんですね(14)。もう一つおもしろいのは、例外的に海のない地方の寺院で朝鮮国王に遣いを送ったところがある。これは内陸部の東限になるんですけれども信濃の善光寺です。善光寺がなんでわざわざ朝鮮国王に遣いを送ったのか簡単には断定できない。善光寺そのものの縁起が朝鮮と深い関わりがあることはよく知られているんですが、それだけではあるまいと思うのです。いくつか事実を考えてみますと、やはり重要な問題を提起しているように思うのでありまして、私は善光寺の勧進聖は朝鮮半島にかなりたびたび出かけているのではないかと思うのです。

なぜそんなことを言うのかと申しますと、寛正六(一四六五)年の大風によって伊勢の内宮の大橋が破壊された。その際、稲荷十穀《じっこく》が入唐し勧進をして帰朝した。つまり稲荷社の十穀聖(穀物を食べず修行する聖)が中国に行ってくるんですね。中国に行って勧進して帰って伊勢の内宮の大橋をかけているわけです。勧進聖はもちろん商人の活動を兼ねておりまして、こういう人々の活動は中国にまで及んでいたことが確実にわかる。一方で対馬まで行っており、一方で中国まで行っている勧進聖が朝鮮半島に行かなかったと考えるほうが不自然だろうと思います。善光寺の勧進聖は、この時代ずいぶん動いておりますから、朝鮮半島に渡って活発に交易に従事していた。その前提があったから、善光寺は朝鮮国王の慶事に際して独自に遣いを送ったのではないかと思います。

いまのような問題も、海が人を隔てる要素だと考えてきたためにわれわれが見落としていたことにつながるのだろうと思いますし、そこから出てきた一種の盲点のように思うのであります。こういう盲点から、鎖国といわれていた時代にも海外との交流がかなり活発だったことは、瀬戸内海の小さな島で銭が二千枚くらい、正確に申しますと一八六五枚出てきまして、このうち一二五九枚は文久通宝と寛永通宝で、このほか外国銭が六〇六枚あったことからも言えます。外国銭には宋銭・明銭・朝鮮銭があるわけですが、そのうち二五・二パーセントにあたる一五三枚が康熙通宝とか乾隆通宝という清銭であったわけです。これは伊予国の二神《ふたがみ》島というところの、かつての島の領主の家に伝来してきたもので、ご当主の話によると、いままでこんなものはザクザクあったんだけれども、みんな人にあげてしまったというお話でした。それ以来、昨年、一昨年とこの島の海岸べりを歩いておりますが、歩くたびに清の銭はないかと目を皿のようにして見ております。

薩摩の坊津に行きましたら、あるところに嘉慶《かけい》通宝という外国銭が飾ってありまして、嘉慶《かきょう》という日本の年号があったためか南北朝の銭だなんて書いてあったんです。これは清の銭で、「こういうものがこの辺にたくさんあるんですか」って聞いたら、「魚の疑似餌に使う錘にこの辺ではずいぶん使っているよ」というお話でした。それから昨年能登の時国《ときくに》家《け》に行きましたけれども、この家の蔵の銭箱からも清の銭が出てまいりました。外国銭の流通が禁止されていたはずの江戸時代に、清銭が日本列島に大量に流入して流通していたことはまず間違いがない。『歴史と民俗』という常民文化研究所の紀要の第十号が今度平凡社から出るんですが、このことを文書といっしょに紹介しました。その紹介のために、あちこちの貨幣史の専門家にこのことを聞いたのですが、どなたも解答を与えてくださいませんでした。

実際銭の世界の問題というのは、民俗・フォークロアと深い関係がありまして、わからないことがいっぱいあるわけですけれども、清銭が流通していてもどこから入ってどういう形で流通していたかということは皆目わかっておりません。別に糾弾するつもりは毛頭ないんです。なんでいままで、貨幣史家が清銭を見落としていたのか、ということはやはり重大だと思うのです。

われわれの意識の底に根付いている島国意識というのは、きわめて強い。これは、いつの間にかそういうことになってしまった。原因は、やっぱり江戸時代以来のことだと言うことはできると思います。このようにわれわれの見落とした問題というのはたくさんあるように思います。

世界地図の中心は日本か

朝日新聞社の『週刊百科』を見たとき、日本列島を大陸から見た地図イラストを見せられて、たいへん気に入ったことがあります。本当に地図というのはおそろしいものでして、これは人から聞いたエピソードですが、ある著名な、非常にまじめで実証的な歴史家に関する話です。

戦前のことです。地図の真ん中に日本列島がありまして、昔は赤く塗ってあった。それを見て、この歴史家は世界の中心は日本だと本当に思い込んでおられたようなのです。「日本は負けるはずはありません。日本は世界の中心ですから。地図をご覧なさい」と本当にそう言われたそうです。

われわれだってちょっと怪しいんでありまして、真ん中に日本列島がある地図ばかり見ておりますと、まあなんとなく島国だなということをおのずから植えつけられてくるところがある。やっぱり一度別の目で、例えばオホーツク海あたりに視点を置いて日本列島をながめたらどう見えるのか、というふうなことをやってみる必要があるのではないかと思います。

ちょっと触れておきたいんですが、私がびっくりしましたのは、オホーツク文化という北から入ってきた文化の遺跡から十一世紀くらいの宋の銭が出てくる。これは北回りで入ってくる銭であることが確実で、去年の村井章介さんの論文がありまして、これでずいぶん具体的に明らかにされておりますのであまり詳しくは申しませんけれども、ともあれ海を日本列島と外の世界をつなぐ役割を果たしているものだと考えてみますと、いままで気がつかなかった問題がいっぱい出てくるということであります。

太平洋についても決して文化が閉鎖していないと思うんですね。八丈島・三宅島にも縄文文化があるんだそうですね。南のほうにも相当動きがあることも考慮に入れなくてはならないと思うので、前に申しましたように、南米ペルーの博物館に日本人かといわれるような四世紀頃の土器が、まさに東アジア人の顔をした土器が並んでいるなんてこともあるわけですから。それから紀州の漁民が江戸時代にオーストラリアまで出かけて行ったというようなことも、羽原又吉《はばらゆうきち》さんが具体的に言ってらっしゃいますし、もう一度、日本列島を別の目で見直してみる、そうすれば島国論の持っている――もちろんこれは根拠がないわけではありませんが――位置づけのようなものをもっとはっきりできるのではないかと思います。

稲作一元論の持つ危険性

次に、もう一つの問題である稲作一元論についてですが、一言、二言申し上げておきますと、日本の稲作というのは、入ってくるときから新しい漁撈の技術や製塩の技術といっしょに、いわばセットになって入ってきた文化ではないかと考えるのが、どうも事実に即していると思います。いままで稲作だけに目を向けていたために、漁撈民の動きについてはあまり関心が持たれていなかったと思うのですが、これは今後も十分考えてみる必要があるだろうと思います。特に神様に供える神饌ですね。神に供える供物、これは戦前に渋沢敬三さんが明らかにされたことでありますが、『延喜式』あたりの供物を見ておりますと、神様に捧げられるもののなかで、非常に大きい比重を占めていたのが海産物だった。だいたい鮑《あわび》と鰹《かつお》と海藻、それと塩、それに若干の乾し肉、これは魚の乾し肉でしょうが、そういうものがいわばセットになって供えられておりまして、もちろん農産物もありますけれども比重はずっと水産物より低い。確か三〇パーセントくらいが農産物で、六十数パーセントが海産物という数字まで出しておられます(15)。

これまで大嘗祭《だいじょうさい》(16)をはじめとする天皇を中心とした祭事、あるいは神社の性格をもっぱら稲作だけに関連させて考えてきた見方が果たして正しいのかどうか、それは一面的ではないかということは、検討するべき余地が十分あります。

それからもう一つ、漁撈民の問題に関連して、「海民」といいますか「海の民」に関連して、日本の社会のなかで比較的早く都市を形成していったのはこの海の民ではないかと私は思うのです。もちろん海の民だけではないことは言うまでもないんですけれども、相当の比重で海の民、海民の活動によって都市ができてきたのではないかと考えております。特に商人に海の民の出身者は非常に多い。最近に出しました『中世再考』(日本エディタースクール出版部)のなかに書いてしまいましたので、ご関心のむきは参照いただければと思います。

単一民族・単一国家論は間違い

もう一つ、単一民族、単一国家論についても触れておきたいことがございます。『東と西の語る日本の歴史』という本のなかであれこれ大分勝手な熱を吹きました。ただ第一回の講演では、特に単一でないということを強調するために、東と西だけを強調いたしました(第一章「東日本と西日本の大きな相違点」の項参照)。その当時から二つだけの地域区分でことを考えられるものではないことは承知しておりました。

やはり東と西の文化、社会構造の差異の根深さは否定しがたいといまでも考えております。ただこれをいくつかの地域に分けて、いまのところでは北海道と東北の北部の地域、東北南部から関東・中部あたりの地域、北九州までも含む西日本、それから南九州と薩南諸島、沖縄、だいたいそんなふうな地域の問題を考えていったらどうか。それとは別に、日本海沿海地域あるいは瀬戸内海地域、太平洋沿海地域に独自の交流圏があることも考えておく必要があるので、これはおそらく日本列島外に広がるであろうと、そういういろいろな動きのなかで日本民族が形成されてくるのだろうと思います。

日本列島を一つの時代区分で見る危うさ

このなかで、一つ二つ触れておきたいことがございます。一つは時代区分の問題であります。これまでは日本史の教科書のなかでも、今日も中世ということになれば資料の年表が出てくることになるわけですけれども、われわれは便宜上こういう時代の区分をやらざるを得ない条件があることは間違いありませんが、いまのような地域を考えてみますと、日本列島の社会を時代区分で区切る場合、やはり一つの時代区分の物差しだけで考えることはできないだろうと思います。

例えば東日本、東国を中心に考えてみますと、東国では明らかに鎌倉幕府や江戸幕府の成立が決定的な意味を持っています。そこに時代区分を置くのは東国としては自然でありますしかし、西日本のほうではことは単純ではないのでありまして、これは後で少し詳しくお話ししようと思っておりますが、南北朝の内乱の段階、これがおそらく西日本の社会を考えます場合には、決定的な時代区分になり得るだろうと思います。沖縄が独自な時代区分に立たざるを得ないことは当然でありますし、あるいは東北についても若干東国とは違う時期区分を考えることが可能かもしれません。北海道はもとよりのことです。

そうなりますと、全部を等しく一つの区分で切ってしまうことに、われわれはぼつぼつ反省を加えてもいいのではないかと思うわけであります。当然それは天皇に対する意識の違い、あるいは被差別部落のあり方の違いとも深い関わりを持ってくるわけです。沖縄で日の丸や君が代に対する関心が薄いのは、もう歴史的に当然のことであります。北海道でも同じようなことが言える。ですから全部一様に扱って、先ほど司会者の方がおっしゃったような押し付けを行うということは、ある意味では日本の国土に生きてきた人々の生活とその歴史を窒息させる役割を果たすことになりかねないということを充分考える必要があると思います。

しかし、裏返して言いまして、被差別部落のあり方も、安良城盛昭さんがおっしゃっている通り、沖縄には本来的にはないわけでありますし、(17) 十分正確な統計ではないにしても東日本と西日本の被差別部落のあり方は非常に異なるものがある。数の上でも東日本は明らかに少ない。かなり質的に違いながら、少ないということは否定しがたい事実です。そういう社会の体質に関わるような差異が、日本の社会のなかにあるということをまず前提に置いて、日本の歴史や社会を全体として考え直してみる必要があるということを大いに強調しておきたいと思います。

ただ前の二つの問題とも関わりのあることで、それがなぜ均質であるかのごとく見られるようになっているかということがあります。言葉の上でもテレビなどの普及で均質化が進んだということもあります。戦前でも標準語、現在の共通語というのがあって、私も郷里の人としゃべっていると山梨弁にどんどん戻ってきますし、みなさん郷里をお持ちの方は同じだと思いますが、いまだって東北の地の言葉でしゃべる人と鹿児島の地の言葉でしゃべる人が話をしたら、たぶん通じないと思うんですね。そういう違いがあるにもかかわらず、なぜ均質であるかのごとく、あるいは均質だと言われ続けるのかというところで、考えるべき問題はいくつかあると思います。

確かに現在の日本の社会が、世界の民族と比べてみて均質度が高いことは事実だと思うのですけれども、どうしてそうなったのか、どうしてそう見えるのかという問題は、何かそれが当たり前だと思われていましたから、いままで本気になって考えられてこなかった。うっかりすると天皇の支配下に長い間あったからだ、なんていうことまで出てくるわけです。

このことは、一つの歴史的な問題として考える必要がある。その問題に接近する議論として、最近東北学院大の大石直正[18]さんや村井章介さんが、日本国の境界の意識を盛んに追究されています[19]。だいたい十四世紀頃からですね、かなり庶民的なレベルで日本国の四至、つまり日本という国はここからここまでという四至が出てきます。これにはいろんなのがあるわけで、あの論文はたいへんおもしろいので是非ご参照いただいたらいいと思いますが、村井さんはそれを図表にしていらっしゃいます。この場合、北海道と沖縄はもちろん完全に落ちています。

一例で、村井さんが紹介されなかった事例をここでご紹介しておきますと、「今堀日吉神社文書」という有名な文書があります。保元二（一一五七）年十一月十一日、つまり平安時代末の日付をもっていて、室町、戦国時代にたぶん偽作されたと考えられている、後白河天皇の宣旨ということになっている偽文書であります。

近江国の保内商人に、三千匹の馬に関しては諸国の往来は自由であるという特権を保証した内容なんですが、このなかにこんな記事がございます。「東は日下《ひのもと》、南は熊野の道」、ヒノモトというのは「日下」と書いてあるんですが、これは明らかに日之本将軍、これは日下将軍と書いた例もありますので、東北の安東氏、先ほどの北海道の擦文文化とも関係があるんじゃないかという十三湊の安東氏と関係がある。ヒノモトという地名は東北になります。「東は日下、南は熊野の道、西は鎮西、北は佐渡が島」このタイプは他にも二、三見られるわけでありまして、鬼界ヶ島と外ヶ浜というのを漠然と境にしているところから、だんだん日本国の東西南北がどこまでかということが、比較的庶民レベルで言われるようになり始める。『延喜式』にこれにあたるような表現があるんですが、庶民的な表現になってくるのは十四世紀以降でありまして、商人のような遍歴民とか、遍歴の芸能民が語ったものだとか、あるいは説経節だとか、そういう遍歴民のなかにこういう四至意識が出てくる。

実際よく引用される例でありますけれども、「陸は駒の足の及ばん限り、海は櫓櫂の届かんほど」「東は駒の蹄の至るまで、西は波路の末　千嶋百嶋まで」、こういうのはみんないまの遍歴民に関連する言葉のなかに出てくる。実はこの時期、早くも社会的に賤視されつつあった芸能民とか商人とかの遍歴民の活動が、日本意識のようなものを生み出す上である役割を果たしたことは、見落としてはならないことだと思います。

均質の意識と文字の役割

もう一つ日本人を均質であるかのごとく見せている背景に、私はどうも文字があると思えて仕方がない。特に「かな文字」が果たした役割というのはものすごく意味が大きいのではないかと思います。律令国家の成立が、日本列島に文字が普及する上で強い刺激を及ぼしたと、東野治之さんが『木簡が語る日本の古代』という岩波新書で非常におもしろく明らかにしていらっしゃる。木簡のなかにおそらく下級の役人と思われる人が、中国の古典を一生懸命に手習いしているものが出てくるし、平城京だけでなく秋田城址の木簡からもそういうものが出てくることから、官人になろうとする限り文字を学ばねばならなかったということがこれでよくわかる。

平がな・片かなが九世紀から形成されてきまして、特に平がなが平安時代に女性たちの文字として用いられてきて、それが男の世界にさまざまな形で浸透してくる。まずこのことを改めて考える必要があると思うんですね。だいたい女手といわれるような女の文字を持っている民族が他にあるかということです。少なくとも女文のような女性らしい言葉の使い方は、民族によって当然あり得ると思うのですが、女の使う文字というものを持っている民族はおそらく日本だけではないかと思います。もちろん截然《せつぜん》と男は漢字、女は平がなというように分かれきっているわけではありませんが、女性の書状・譲り状は平がなですし、男の女性宛の手紙にも平がな書きが多い。だから平がなは女性の文字としてまず定着していくということに注目すべきなんですが、この平がなが現れたことは、日本の社会に文字を普及させる上で、やはり絶大な力を発揮しただろうと思います。

中世からちょっとはずれますが、江戸時代は文字を庶民が知っているということを前提にしてできている社会でありまして、こんな国家はおそらく万邦無比なんじゃないでしょうか。つまり、自治的な村の上層部は文字が読め、かつ書ける。そのことを前提にして国家体制を作っているというのは、前近代では日本の幕藩体制ぐらいではないかと思います。日本の村にはいまも古文書があれほど大量に残っている。近世は文書が多すぎてなかなか勉強が進まないといわれるぐらい文書があるわけで、未発掘の文書を合わせたら膨大な量に及びます。

朝鮮でもハングルというのは、こういう形では前近代において庶民に普及しておりません。だから朝鮮の村には日記というのは絶無だと韓国の学者に聞いたことがありますし、中国でもそうだと思います。ヨーロッパでも、阿部謹也さんから伺ったことによると都市はずいぶんたくさん文書を持っているが、農村にはないと言ってらっしゃいました。文字を知っていることを前提にして国家を作るということ自体がプラスになるかマイナスになるか、考え方はあるかもしれませんが、庶民はもう自治的に表帳簿と裏帳簿を確実に作っております。つまり国家向き、役人向きの帳簿と村のなかの帳簿は地方文書《じかたもんじょ》でも区別されておりますので、裏帳簿を持つような村を基礎にしている国家は、一見専制的に見えても実はそうではないのではないかと思うんですね。

十五世紀以降、読み書き算盤が普及してくることに決定的意味があると思うんです。文字による文通を通じて日本列島の諸地域の人々が結びついて、その間に文字を同じくする者としての均質性の意識がずいぶん育っていったのではないか。書かれたものを読むときと、口語でものをしゃべるときと、いまでもわれわれは、まるで違う文体を使うわけですけれども、少なくとも文語の世界での、かな文字を含めてですね、文字を同じくする者としての均質性の意識っていうのはかなり前近代に生まれたのではないか。だから口語でしゃべったら沖縄・鹿児島と東北の人とでは絶対に話が通じないにもかかわらず、均質な民族であるという意識を育てていく上に、これがかなり大きな意味を持っていただろうと思います。

それと、もう一つたいへんおもしろいことで、安良城盛昭さんが注意していらっしゃることですが、琉球王国では『おもろさうし』[20]が平がなで書かれていることはご承知のことと思いますが、琉球には『辞令書』というのが残っているんですね。現在までのところ南は宮古まで、北は奄美まで、琉球の王府から出された一種の任命状で、平がなで書かれている。安良城さんの言う通り、琉球語が中国語よりはるかに日本語に近くて日本文字で表記したほうがより正確に表現できるという意識が首里の王府にあったことを示すものだろう、つまり、日琉同祖論という議論があるわけですが、これに新しい一つの根拠を提供するだろうと言っておられるんです。

これに関してさらにもう少し補足を加え得るのは、田中健夫さんが明らかにされていることです(21)。琉球国王が室町将軍に宛てた公式の文書に二種類ありまして、一種類は完全に中国風の堂々たる漢文体で書かれたものなんですが、もう一つ多少内々に送ってくる文書、これももちろん公文書ですけれども、これは平がなで書かれているんですね。それに対する室町将軍の返書も、御内書という様式の女手の文体の「琉球世の主へ」という宛所で書かれた文書が送られています。『実隆公記《さねたかこうき》』(22)という日記の永正六(一五〇九)年四月六日条に、琉球国王から文書が来て、室町将軍、日本国王はかな書で返書を出している。その理由は最初の通詞が女房であったからだ、つまり最初の通訳が女性であったからだと書かれているんです。これはある意味では日本の儀礼から言えば当然のことでありまして、かな書で来た文書は女房の手を通して国王ないし天皇にもたらされたに相違ないし、逆にかな書で来た手紙に出す返事は女房によって書かれたに相違ない。しかも女文ですから。

そうなりますと、琉球に平がなをもたらしたのは誰かということです。なかなか物証は出てこないと思いますが、平がなと女性との不可分の関係を考えますと、琉球にかな文字を伝えた主体として、私は女性を考えざるを得ないだろうと思います。禅宗の坊さんがたくさん行っておりますが、禅宗が女手の平がなを琉球に普及させたということは、ちょっと考えがたいと思います。その可能性は皆無であるとは言えませんが、やはり女性の交流がなくてはこういうことは起こり得ないだろう。

沖縄の場合でいちばん考え得るのは、女性の遍歴民であります。沖縄には日本の本州から渡ってきたと考えられる傀儡《くぐつ》に似た「あんにゃ」という芸能民がいると安良城さんが言っていらっしゃいますけれども、(23)これにからめて考えられるかもしれない。日本列島のなかでも文字の普及に女性の果たした役割は小さくなかっただろうと考えますと、日本人が均質性の意識を持っているということは、決して天皇の支配下にあったからでもなくて、むしろ社会のなかでは賤視され、差別されていた遍歴民や女性の果たした役割が決して小さいものではなかったということだけは言えます。

いまのような均質性の問題も、前に申しました地域の大きな違いのようなものとの裏返しの問題として考える場合に、どうしてそういう意識がいまの日本人の常識になっているかということを、いまのような方向から歴史的に考え直してみる必要が大いにあるのではないかと思っています。

神仏への隷属とは

最後の問題で、支配、隷属、賤視の諸形態、これは徹底的に考えなくてはならないことだと思っておりまして――根本的な疑問は、どうして人間が、ものを持つ場合だってそうだと思いますけれども――、特に自然の一部である不動産、土地とか海とかを持つことができるのかということと、人間を所有したり、隷属させたりすることが、どういう経緯で行われるようになっていくかということは、人間そのものの問題を本当に考える意味でもきわめて大事な問題です。

最近、民俗学のいろんな成果を援用しながら、単純に奴隷制、農奴制という言葉で片づけるのではなくて、例えばいっしょに食事をする共食の習慣が隷属形態に及ぼしてくる影響のあり方、あるいは「被《かず》け物《もの》」(労をねぎらうために賜う物)を人に与えるということが人間の従属関係で持つ意味とか、いろいろ目が向けられるようになってきていると思うので、こういう作業をもっとやっていかなければいかんと思っているわけです。

私的な隷属民の問題は、ここでは省いておきます。もう一つ「公」による支配ですね、これも実は『日本論の視座』という、安良城盛昭さんからだいぶ批判を受けるだろうと思いますものを書きまして、今度の新しい本（『日本民俗文化大系』第1巻「風土と文化」）に注を付けて載せておりますので、ここではあまり詳しくお話ししないでおきたいと思います。

また、「常民」という言葉なのですが、これは日本民俗学のキーワードになっている。柳田さんも渋沢敬三さんもこの「常民」という言葉を使われているんですけれども、どうもこの言葉は日本語の語彙にはあまりないんですね。確かに明治政府が、被差別民に対して常民という言葉を使った法令を出しておりますが、日本語の語彙にはほとんどないので、早川孝太郎さんが注意されています。(24)「常民」という言葉はどうも朝鮮から来たんじゃないかと思います。つまり李氏朝鮮では「両班」「中人」とも、また「白丁」といわれる賤民とも区別された一般庶民を指す言葉として「常民」という言葉はずいぶん広く用いられていたようです。柳田さん、渋沢さんの意識にどこまであったのか、少なくとも「庶民」「平民」「人民」という日本語の語彙――人民はあまりないかもしれません。庶民もどうか、平民はたくさんあるんですが――を避けた理由はいろいろあると思いますが、言葉についている語感を避けて、なるべく自分の考えている一般庶民を指す言葉を見つけようとされた結果だろうと思います。あるいはこれは、朝鮮のほうから来ているのかもしれないと思っておりまして、こういうことが言えるかどうかはこれから考えてみたいと思っております。

最後に若干触れてみたいと思っておりますのは、神や仏に対する隷属民の問題であります。古代の采女だとか鹿島の神賤といわれる神の賤民、あるいは中世の寺奴、神奴と称する人たちについて、石母田正さんの『中世的世界の形成』(25)という本でも、一つのキーワードになっている概念で、普通の奴隷とか、隷属民として処理していることにこだわってきたところがあります。そのことが非人とか河原者についての考え方にもつながる面があって、厳しい隷属関係に置かれた人々というふうに非人・河原者は考えられてきた。最近、非人については奴隷や下人《げにん》・所従《しょじゅう》という私的な隷属民とは違うんだ、という点だけははっきりしてきたと言ってよろしいかと思います。ただ、神の隷属民という問題ですね。これは非人に関連しても出てくるわけです。京都の清水坂の非人と重なることの確実な祇園社の「感神院」、この人たちは南北朝の文和二（一三五三）年頃に「自分たちは山門の西塔釈迦堂の寄人《よりうど》である」というふうに言いながら、山門の別の寄人と同じ職掌人である、神事に従う重職人であると言っています。(26)鎌倉時代から非人の意識に強くあるわけですけれど、とにかく神事に従う重職人である。神人である。犬神人《いぬじにん》、犬という字がついていることは一つ問題がありますけれども、神人であるということは明瞭でありまして、これまでの非人に関する議論は、永原慶二[27]さんにしても、黒田俊雄[28]さんにしても、あるいは脇田晴子[29]さんにしても、この点を切り落としていらっしゃるところがあるわけです。

しかしこれは神仏への隷属、いわば聖なるものといいますか、実在しない聖なるものの隷属民、この隷属のあり方が考え抜かれていない現状を示していると思います。日本の社会のなかで、中世の非人は、平安時代の末ぐらいからは明らかに神仏の隷属民であって、神事や仏事への奉仕者であるという意味で、社会のなかに非常に明確な位置付けを得ていたと私は思います。その意味で、供御人、供祭人、神人、寄人、この実態は海の民であり、山の民であり、商工業者であり、芸能民であり、それから一部の農業民でもあるわけですけれども、この人々の称号の意味するところは、天皇、まだ神聖王と言いますか神としての性格をとどめている意味での天皇、それと神や仏のようないわば聖なるものの奴婢であるというところから、この人々の特権というのは生まれてくるんですね。つまり職能を通じて神仏に奉仕する、天皇に奉仕する、この点では神人と同じでありまして、この人々は明らかに一般平民の共同体からは区別されている。

それで私は別の視点からカッコつきの「職人身分」というものを考えてみたわけですが、こういう人たちは、例えば犬神人が特有の覆面をして柿色の衣を着けるとか、いわば聖なるものへの奉仕者として何らかの視覚的な標識で一般平民と自分を区別している。神人もそうで、黄衣《こうえ》という黄色の衣を着ける。魚貝の商人である春日神人(30)は、神に捧げる贄《にえ》を入れる供菜《ぐさい》という桶をいただいていたらしくて、これが神人身分の標識だったようです。ですから、一般の平民と違う服装をしておりまして、神仏に奉仕するがゆえに、こういう人たちは平民の負担する課役・年貢・公事を免除され、自由通行の特権も与えられているということになるのではないかと思います。

いろんな機会にこの人たちは、神輿に供奉《ぐぶ》するとか、何らかの身分を象徴する神木を手に持つとか、「御稲田商人《みいねだしょうにん》(31)」という後に米商人になっていく農業民でありますが、稲を小腰にかついで訴訟を起こすとか、時には神殿に閉籠するとか、いろんな手段を通じて自分たちが神仏と一体である、あるいは天皇に直属しているんだと主張したわけです。

神人、供御人、寄人という者に手を掛けることは、天皇、神仏に対する冒瀆とされて、厳しい処罰をされました。例えば強訴のときに神輿に供奉する神人にちょっとでもけがをさせれば、それはたいへんな処罰をもって報いられた。神人を一人殺すと、何百人という人が、神によって殺されるというような話すら、神人の側から出たわけで、非人も含めて供御人・神人・寄人は少なくとも中世前期までは聖なる集団というふうに見られていたと言ってもよろしいと思います。

こういう人たちを世俗的な奴隷・農奴と同一に見てしまうことはまったく間違いでありまして、実際供御人や神人のなかには官位を持って御家人クラスの武士と同じ位の人がたくさん出ているわけです。しかし彼らは自分のことを表現するときには、氣比《けひ》大神宮(32)、氣比神社の大菩薩の奴婢であるなどと表現いたします。ですから、もし現実の俗世界にそれを戻すならば侍身分と同等と言ってよい人を含めて神仏に直属している。私は中世前期までの非人をただちに被差別民と規定することはできないと思います。これに関連して一、二紹介しておきたいことがあります。

後醍醐と文観と悪党

突然話が妙な方向に飛びますけれども、後醍醐天皇の建武の新政に関わる問題であります。後醍醐天皇の政治に文観《もんかん》という坊主が大きな役割を果たしたことはご承知の通りだと思いますが、この人は西大寺流の律僧であったわけです。律宗の僧侶、こういうことは当時よくあったことですが、文観という人は殊音《しゅおん》という上人名を持っておりまして殊音上人文観、あるいは文観弘真といわれている。この名前は律僧としての名前ではなく、律僧としては殊音という名前で呼ばれている。叡尊《えいそん》(33)の弟子になりまして律宗の寺をあちこち動いていた人ですが、奈良の般若寺――ここは非人の供養などが行われて、いまでも近くに北山十八軒戸というかつての非人宿の跡がありますけれども――、その般若寺の本尊というのは文観が造っています。仏師康俊という人だったと思いますが、それに依頼して文殊菩薩像を文観が願主になって造っているんですね。

ちょっと脱線しますと、そのときに大施主になっているのが前伊賀守藤原兼光という人なんです。専門的興味の話になりますが、この人物がどういう人かということは、いままではっきりわかっていなかった。建武の新政権ができてから楠木正成《くすのきまさしげ》、名和長年《なわながとし》というのは新政権のすべての機関に名を連ねている。恩賞方だとか記録所とか雑訴決断所とか武者所とか。この二人と同じぐらい後醍醐から可愛がられた伊賀兼光という人がいますが、どうも文観といっしょにこの文殊菩薩像を造ったのは伊賀兼光らしい。しかもそれが、元亨四（一三二四）年三月であります。この年の九月に正中《しょうちゅう》の変が起こるわけです。文観と後醍醐のつながりがはっきり確認できるのはこのときで、文殊菩薩の墨書銘――墨で書いた名――からわかるんですが、そのなかに「金輪聖王御願成就」のためという文言が出てまいります。つまり六ヶ月前にすでに計画されておりますす後醍醐の第一次鎌倉幕府討伐計画の願が成就することを祈って、この造像が行われた。しかも伊賀兼光が大施主になり、文観が願主になってこの像は造られているわけです。

兼光という人は六波羅の引付頭人、評定衆にもなっている鎌倉幕府の枢要を握る人物なんですね。それが元亨四年にすでに文観を通じて後醍醐方に寝返っていたらしいことがわかる。元亨四年から建武の新政まで一〇年の間、地下に潜っていたというか面従腹背で、幕府の六波羅の頭人としての役をやりながら後醍醐方に通じていたらしい。その功労をおそらく後醍醐は最高に買ったんだろうと思いますが、楠木正成や名和長年と同じようにたいへん重んぜられている人物になっている。

どうも後醍醐の正中の討幕計画というのは、それほど非計画的なものではなくて、鎌倉幕府の中枢部にまで及んでいたらしい形跡があるんですね。

先ほどの話に戻りますと、重大なことは文観が律僧であり、般若寺の院、生駒の下にある竹林寺の長老でもあって、非人とも関わりがあったことは確実だと思われます。しかも『太平記』のなかで文観というのは、口をきわめて罵られているのですが、そのなかに文観の手の者というたいへん暴れん坊ばかりそろっている集団が、威勢をかって京都の町を荒らしまわったということが出てきます。

それだけでなく、笠松宏至さんが明らかにされていることですが、建武の政府の出した法律のなかで、きわめて不思議な、というかおかしな法律があるのです。『中世政治社会思想』下（岩波書店）で笠松さんは、注でいろいろ書いていらっしゃいますので注意深く読めばわかることなのですが、「陣中」――この陣というのは内裏の陣、天皇の居所である陣です――、この陣中に関連して定めた法令が出ていますが、このなかに政府の出す法令としては何か異様な法令がありまして、例えば「ゴミを散らかすやつがいる、陣を穢すやつがいる、異形をして出入りするやつがいる」――つまり「覆面をしたり、笠をかぶったり、皮の草履を履いたり、高下駄を履いて陣中に入ったりするのを差し控えろ」という法令が出てきます。

このことを考えてみますと、集団のなかに非人がいたとは断言できませんけれども、少なくとも非人に近い人がいた。つまりきわめて悪党的な集団が内裏に出入りしていた可能性は十二分にあると思います。非人といってもちゃんと武器は持っていますし、犬神人の場合なども棒を絶えず持っている。実際斬り合いなんかもやっているわけですから、十分武力になり得る。そうだとすると後醍醐は、ある意味では非人まで含む直属の非農業民を動員して鎌倉幕府の倒幕を試みたと言ってもよろしいのではないかと考えております。

それにもう一つ文観という人物ですが、この人は殊音上人という律僧の名前を持っておりますが、醍醐寺の正式の僧として灌頂《かんじょう》を受けまして、文観弘真と名乗ります。で、やがて後醍醐によって東寺の一の長者にまで引き上げられています。ところがそれに対して、高野山は真言七寺の最大の有力な寺の一つでありますが、その高野山の満寺の人が決議をして、文観は東寺の長者になんかなれる人物ではない、彼は異人である。こういう異人が東寺の長者になるということは断じてわれわれは承認できないと言います。このとき高野山は絶対に「弘真」という名を使わない。「殊音」あるいは「上人」という言い方しかしないんですね。

文観は法印・僧正になっていますが、位を持っている人が乞食・非人と罵られているのには何か理由があるはずです。文観はその上東寺長者にまでなったわけですから、弾劾されたのはいままでの常識であれば当然だったと思います。そうなってまいりますと、文観というのはきわめて異様な僧正であったことだけは間違いない。

百瀬今朝雄さんが最近『金沢文庫研究』という雑誌に出しておられますが、後醍醐は第二次の討幕をやる前に祈禱をやるんですね。これは『太平記』なんかでは中宮が懐妊したというふうに言って、平産を祈るために祈禱をいろんな坊主にやらせるんだけれども、一向に生まれる様子がない。それでみなが怪しんで調べたところ、関東調伏の祈禱であったとなっているんですね。こういったことがあったことは事実です。金沢文庫古文書でそれは証明されていたんですが、百瀬さんはさらに詳しく金沢文庫古文書の年次を検討された結果、驚くべきことに中宮御懐妊という名目で、四年間にわたって祈禱が継続されていたらしい。いったいご本人はどういう気持ちだったんだろうかということまで含めて、たいへんおもしろい論文を書いていらっしゃいます。

「異形」の天皇

そのなかで後醍醐は、現職の天皇として自分で密教の祈禱をやっております。一昨年伺った遊行寺（＝清浄光寺）と大いに関わりがあるのですが、遊行寺の後醍醐像（**図5**）、密教の法服を着て、手に密教の法具を持っている有名な不思議な天皇像なんですけれども、金沢文庫古文書から見ますと、当然そういうのがあってもよいわけです。後醍醐の祈禱が、主上自ら祈禱云々ということがいわれておりますから、かなり確実なこととして言えます。

図５　後醍醐天皇像
（清浄光寺蔵）

だいたい現職の天皇が密教の祈禱をやること自体がたいへん異様なことなんです。百瀬さんももちろん書いていらっしゃることですが私がびっくりしたのは、いろんな祈禱の方法がありますが、後醍醐の祈禱は「聖天供《しょうてんぐ》」なんですね。聖天供というのは歓喜天で、この歓喜天は普通は象の男女が抱き合っている像で、これが本尊なんですね。百瀬さんが論証されているように「悪人悪行速疾退散」に非常に効のある祈禱だといわれているわけですけれども、後醍醐がこれを本尊にして祈禱をやったということは、やっぱり異様なことだと言わざるを得ない。

文観は立川流という、普通は邪教といわれている、要するに男女の交合を密教の極地といいますか悟りの境地のように主張する——これもまあ俗説が混じっていますから厳密に考えなければいけないんですけれども——、文観のなかにそういうものがあったことは否定できないような気がします。そうすると後醍醐という天皇は、非人の力を動員して、セックスの持つ人間の根底にある何か力みたいなものを自分の権威の源泉にしながら、鎌倉幕府調伏を試みた、鎌倉幕府を滅ぼそうと試みたということにならざるを得なくなってくる。

これはまさに異形の僧正、異形の天皇だと思うのです。後醍醐の創り出そうとした政治体制が、やはり古代以来の天皇制の持っていた太政官の組織、つまり公家たちの合議の上に天皇がいるという形を徹底的に壊しまくるわけです。つまり古代以来の王権とはまるで質の違う王権をここで創ろうとした形跡が明らかにあるわけです。

彼がそうしたのは、ある種の社会的な危機が、社会的に見て天皇のピンチがこの段階にあったからだと思うのです。聖なるものの権威が大きく動揺しはじめて、天皇自身の立場が、大覚寺・持明院だけでなく、いくつかの流れに分かれて競合し始めていて、東国は幕府の下に押さえつけられ、九州もモンゴルの来襲以降は完全に幕府の支配下に入ってしまう。唐船派遣の権限も本来天皇が持っていてもおかしくないのですが、天皇はできなかったらしい。だから後醍醐は、政権を取るとすぐに唐船を派遣します。天皇の権威がこの時期いかにピンチかということをいろんな面から示している。それを一挙に克服しようとした形跡がある。

それは確かに鎌倉幕府という東の王権をつぶして、それに続いて自分自身がひっくり返るわけですね。だから、この時点で日本列島を統合していた権威の構造みたいなものは完全に崩れ去る。東西の王権がともにひっくり返ったことになるわけで、この後の社会に及ぼした影響は甚大だったわけです。次にいかなる権威を持ち出すかという「駒」がないわけです。後醍醐がいわば持ち駒を全部使い果たしてひっくり返ったようなところがありますから、次に出すべき駒がなかなかない。

南北朝の動乱が長い間続いたということは間違いなくそこに理由があると思う。足利義満が天皇から将軍の地位をもらうだけでは日本の、少なくとも西日本の社会を統合できなくなって、日本国王という地位を明の皇帝から与えられる。明の皇帝に属し、天皇から将軍の地位をもらうというのは、いかに弁明しようと、日本の室町将軍というのは両方から自分の地位を得ているということになります。これは、そうせざるを得なかった。先ほど言ったような西日本の領主たちの動きとか、後醍醐の子どもの護良親王《もりよししんのう》が、建武の新政で征夷大将軍を名乗って日本国王の称号をもらうとか、そんな動きがあるのですが、そうせざるを得なかった。少なくとも南北朝の動乱における権威の構造の決定的な転換ですね。これがいまのような事態を生み出しているんじゃないかと思います。

だから、信長・秀吉の時代というのは、実力によっておさえた後、いかなる権威を上に持ってくるかということで、日本の支配者は苦しむんだと思います。

最初に戻りますと、この権威の構造を少し調子よく言えば「神々の落魄」といいますか、この事態が神人・供御人・寄人等々に及ぼした影響はきわめて甚大だったんだろうと思います。これは「アジール（避難所）」の問題にしても同様でありまして、南北朝以前のアジール、私流に言えば無縁のあり方のようなものに大きな違いが出てくると思います。

それと関わりがありますが、供御人・神人のなかで、商業で立てるものは、実利の世界で社会的な地位を保っていく。しかし実利の世界で立つことができない集団あるいは神や天皇への依存度の強かった芸能の民とか、芸能そのものが穢れとかそういう問題に結びついている犬神人、非人のような集団は、確実に聖から賤に、つまり聖なるものの外皮を剝ぎ取られた後は、社会的な賤視のなかに置かれざるを得なくなってくる。そういう事態が南北朝の内乱の後、起こってくるように思います。阿部謹也さんが、最近大宇宙と小宇宙ということに関連して、独特な議論を展開していらっしゃるんですが、おそらく南北朝の内乱というのは、阿部さんのおっしゃっている大宇宙・小宇宙の構造の転換にあたる日本のあり方だと思います。

日本にはキリスト教のようなものは出てまいりません。一向一揆がそのなかで新しい方向を模索はしておりますけれども、ついに出てこなかった。ヨーロッパやイスラムのような一神教が出てこないということが、日本の室町期以後の社会に、いろんな問題を後に残していくことになる。

この時期以降発展してくる農村や都市の自治も、いまのような権威の構造の大転換との関わりをもって初めて説明ができるような気がするわけでありまして、そういう動きを通して、日本の社会のあり方、なぜ天皇という地位がずっと続いてきたのかということを、この面から考えていく必要があると思っています。

註

（1）**高取正男**（一九二六〜八一年）　民俗学者。著作は『日本人の信仰』（共著、創元社、一九五七年）、『民間信仰史の研究』（法蔵館、一九八二年）、『高取正男著作集』全五巻（法蔵館、一九八二〜八三年）など。

（2）**アイヌ**　主として北海道に居住する少数民族。かつては本州北端部から樺太（サハリン）、千島列島にかけた広大な地域に居住し、樺太のアイヌはギリヤーク（ニブヒ）、オロッコ（ウィルタ）、千島のアイヌはカムチャツカ半島のカムチャダール（イテリメン）などの諸民族と接触交渉を持っていた。起源は続縄文文化（紀元前後〜七、八世紀）まで遡る。

（3）**オロッコ**　ウィルタと呼ばれる。主にサハリンに居住する少数民族。オロッコは周辺諸民族の呼称で、ツングース・満州語で「トナカイの民」「トナカイ飼育民」の意。

（4）**平民**　古代律令制下では位階官職を持たない一般人民を指した語。百姓・公民・良民と同様な意味で用いられた。やがて戸籍・計帳による支配が機能しなくなると、公田を請け負って経営する田堵百姓らが一般に公民・平民と呼称された。中世荘園公領制が確立すると、名と呼ばれる徴税単位の責任者である名主百姓が平民と呼ばれた。

(5) **采女**　古代の宮廷で天皇に近侍し食膳などに奉仕した下級女官。
(6) **藤間生大**（一九一三年～）歴史学者、専攻は日本古代史。著作は『埋もれた金印』（岩波新書、一九七〇年）、『東アジア世界研究への模索』（校倉書房、一九八二年）ほか。
(7) **旗田巍**（一九〇八～九四年）歴史学者。朝鮮史専攻。著作は『元寇』（中央公論社、一九六五年）、『朝鮮中世社会史の研究』（法政大学出版局、一九七二年）ほか。
(8) **『日本三代実録』**　貞観八年七月十五日条、貞観十一年十月二十六日条、貞観十二年十一月十三日条、十七日条など参照。
(9) 瀬野精一郎「鎌倉時代における渡唐船の遭難にみる得宗家貿易独占の一形態」『神奈川県史研究』二八号、一九七八年。
(10) **「青方文書」**　肥前国宇野御厨中通島（現在の長崎県南松浦郡新上五島町）を本拠とした青方氏の文書。同文書は中世には海の領主ともいわれた松浦党関係史料のうちで、質・量ともに最も優れた文書。一一九六（建久七）年を最古とし、安土桃山時代まで四百通を数える。
(11) **「華厳縁起絵巻」**　「華厳宗祖師絵巻」とも呼ばれる。七世紀の半ば新羅の華厳宗祖師、義湘と元暁の行業を描いた絵巻。製作は十三世紀前半と見られる。
(12) **石井謙治**（一九一七年～）著作は『和船』（法政大学出版局、一九九五年）ほか。
(13) 村井章介「中世日本列島の地域空間と国家」『思想』七三二号、一九八五年。
(14) 井上寛司「中世山陰における水運と都市の発達」『戦国期権力と地域社会』吉川弘文館、一九八七年。

(15) 渋沢敬三「延喜式内水産神饌に関する考察若干」『祭魚洞襍考』岡書院、一九五四年。

(16) **大嘗祭** 天皇が即位したのち初めて行われる新嘗祭のことを指す。新嘗はニエ（贄・神または首長さらに天皇・貴人などへ貢進する初物の食物）の祭りの意味で、新穀を神に供饌することを目的とし、古くから民間でも朝廷でも行われていた。天武・持統のもとで成立した飛鳥浄御原令で新嘗祭と大嘗祭が区別され、天皇の即位儀礼的意味をもつが、室町後期になると大嘗祭を挙行できない天皇が多く、後土御門天皇が一四六六（文正元）年に挙行して後、江戸時代まで中断した。

(17) 安良城盛昭「日本史像形成に占める琉球・沖縄史の地位」『地方史研究』一九七号、一九八五年。

(18) **大石直正**（一九三二年〜） 歴史学者、中世史専攻。著作は「安藤氏と奥羽の海民」『北日本中世史の総合的研究』（東北大学文学部、一九八八年）、「外が浜・夷島考」『関晃先生還暦記念 日本古代史研究』（吉川弘文館、一九八〇年）ほか。

(19) 注（13）参照。

(20) **『おもろさうし』** 沖縄最古の歌謡集。オモロまたはウムイは沖縄奄美に伝わる古い歌謡の意。島々に伝わるウムイを首里王府が収録したもので、全二十二巻。内容は、ほぼ十二世紀から十七世紀にかけて伝えられたウムイで、記述は漢字交じりの平仮名で方言音を表す独特の表記法となっている。この表記法が「沖縄の歴史的仮名遣い」の規範となった。

(21) 田中健夫『対外関係と文化交流』思文閣出版、一九八二年。

(22)『**実隆公記**』　室町時代、公家の三条西実隆の日記。二〇歳の一四七四（文明六）年から一五三六（天文五）年までの六二年間にわたる漢文体日記。内容は朝廷の儀式次第から、所領の様子、社会情勢、文学や故実にまでと多岐にわたっている。
(23)注（17）参照。
(24)早川孝太郎「民俗学と常民」『民間伝承』一七―五、一九五五年。
(25)石母田正『中世的世界の形成』伊藤書店、一九四六年／岩波文庫、一九八五年。
(26)**神人**　平安末から室町末期にかけての荘園公領制社会で、盛んに活動した神社の下級神職者や寄人と呼ばれた人を指す。神人に課された任務は多岐にわたり、祭礼の際の雑役、境内の警護、領地・領民の管理監察、非常事態における軍事・警察的行動、強訴の示威活動等々があり、僧兵と並び称された。
(27)**永原慶二**（一九二二〜二〇〇四年）　歴史学者、専攻は日本中世史。著書は『日本の中世社会』（岩波書店、一九六八年）、『戦国期の政治経済構造』（岩波書店、一九九七年）、『20世紀日本の歴史学』（吉川弘文館、二〇〇三年）、『「自由主義史観」批判』（岩波ブックレット、二〇〇〇年）ほか。
(28)**黒田俊雄**（一九二六〜九三年）　歴史学者、専攻は日本中世史。著作は「中世の国家と天皇」『岩波講座日本歴史　中世2』（岩波書店、一九六三年）、「中世の身分意識と社会観」『社会観と世界像』（『日本の社会史』第7巻、岩波書店、一九八七年）ほか。
(29)**脇田晴子**（一九三四年〜）　歴史学者、専攻は日本中世史。著作は『日本中世商業発達史の研究』（御茶の水書房、一九六九年）、『日本中世都市論』（東京大学出版会、一九八一年）、『日本中世女性史の研究』（東京大学出版会、一九九二年）、『日本中世被差別民の研究』（岩波書店、二〇〇二年）ほか。

(30) **春日神人** 大和の春日社に所属する神人。神人は本社に常勤奉仕する「本社神人」と、末社に奉仕する「散在神人」とに区分される。本社神人は黄衣《こうえ》、散在神人は白衣《びゃくえ》を制服として着用し、前者は「黄衣神人」後者は「白衣神人」と称された。

(31) **御稲田** 宮内省大炊寮が所管する供御田。『延喜式』では天皇ならびに中宮・東宮で消費される稲・粟・もち米を供給する宮内省の官田として大和・摂津・山城・河内に設定された。十二世紀になると、山城・摂津・河内に「料田」と供御人を定め、大炊寮が各御稲田に直接働きかけて稲を徴収するかたちへと変化し、室町時代まで存続した。

(32) **氣比大神宮** 福井県敦賀市にある。大陸と京都・畿内を結ぶ要地であった敦賀の鎮護神として仰がれ、『日本書紀』『古事記』などにも記述が見える。古代には、朝廷の尊崇も厚く、越前一ノ宮になり広大な社領を有した。

(33) **叡尊**（一二〇一～九〇年） 鎌倉中期の律宗の僧侶。西大寺を本拠として戒律の復興に尽力した。北条時頼・実時ほか北条一門・御家人とのつながりは深く、蒙古襲来の折には異国降伏の祈禱を行った。また、奈良坂・清水坂などで非人救済にあたった。

第五章　時宗と「一遍聖絵」をめぐって

一九九六年八月三日　藤沢市・遊行寺（第一回遊行フォーラム記念講演）

「一遍聖絵」の時代背景

遊行寺(1)が今度非常に深い関わりを持つようになった「一遍聖絵《いっぺんひじりえ》」(2)という、最近では非常に注目されている絵巻物に関わる話をしろということでありますが、私は仏教はもちろん、時宗につきましても美術史についても、まったくの素人でございます。こういう機会を与えられてたいへん光栄でございますが、果たしてフォーラムの最初を承る任に堪え得るか否かということに自信がない次第でございます。これから素人の見た話というふうな意味で、しばらくの時間お話をさせていただこうかと思っております。

一遍に出会いましたのは、ずっと前に小学館から出した『蒙古襲来』という概説を書いたときですから、ある意味で初めて一遍の絵巻や一遍自身の遺した文章などを勉強したのは、いまからもう二〇年以上前でございます。この絵巻物はもちろん一遍の非常に優れた伝記というふうに申し上げていいと思うんですけれども、それと同時に、当時の風俗社会を非常によく描いているところがございます。それを通じて私も、絵巻物というのは資料として非常に大切なものだということをよく知ることができました。それがいまからちょうど十数年前の一九八三年から八四年ぐらいのことだったと思います。

図像を細かく読むというふうにこの頃言っておりますが、細かく後づけるというよりも、むしろ一遍の生きた時代、聖絵が描かれたその時代の社会について考えて、そのなかに聖絵を位置づけてみたいというふうに考えたいと思います。

宗教の問題について、改めて現代社会のなかで考え直してみる必要があるということは、最近のいろいろな動きのなかで、私自身も痛感しているところでございます。そういう問題が起こってきたというのも、やはりこれまで「歴史はどんどん進歩していく、科学がどんどん進歩すれば、やがて宗教は必要がなくなる」というぐらいまでの捉え方がされてきた時期があったと思うのでありますが、しかし宗教の問題というのは決して科学が発展し、歴史が進歩したから、人間の社会からなくなってしまうというような根の浅いものではない。いずれにせよ人の力を超えたものがあることはもう間違いないところでありまして、それをどう考えるかということが、現代の重要な問題になってきているわけであります。その意味で「一遍聖絵」の問題を考えるということも、どこかそこに通ずる問題があるのではないかというふうに思っております。いま申し上げましたように「聖絵」の描かれた時代について、少しここで考えることにしてみたいと思っております。

ご承知のように「一遍聖絵」が描かれましたのは、だいたい鎌倉時代の後半、十三世紀の後半から十四世紀にかけてのことと考えられております。鎌倉時代についてこれまでの常識では、教科書的に言うといわゆる封建社会と規定するのが普通でございまして、実際に聖絵のなかにも出てきますけれども、この時代のリーダーといいますか、支配者である武士階級・農村の在地領主というのは、農村の館《たち》を根拠にして、その周辺に直接自分で経営する田畑を持ち、自分の直接従えている下人《げにん》・所従《しょじゅう》といわれる人々を使って直営地を耕して、その実力で周りの農民を支配する。具体的な生活については、基本的には自給自足であると考えられてきたわけであります。

この自給自足という捉え方は、われわれはとかくそう思い込みがちなところがあります。江戸時代の農村も自給自足だと現在の教科書に書いてありますけれども、最近の研究はいろんな面から進んでまいりまして、特に考古学が、開発の結果でもあるんですが、たいへん大きな成果を挙げております。そういう考古学の成果を見ますと、鎌倉時代にせよ、江戸時代にせよ、自給自足の集落があるということ自体が、どうやらまったく成り立たないのではないか、ということが明らかになってきていると思うのであります。

稲作が入ってからも、縄文時代の生業は、狩猟も漁撈も採集も、現在のような栗や漆のような樹木の栽培も、みんな続いているわけであります。そういう意味で非常に多様な生業が、この日本列島の社会で展開されておりまして、早くから物と物の交換、しかも海を通じての活発な流通が展開されていたわけでございます。

律令国家ができると、初めて日本という国の名前が決まりまして、日本国がここで誕生するわけですが、この時期に社会が水田一色に塗り潰される、あるいは陸上交通がすべての交通の中心のような形で塗り潰された時期がちょっとあるのですが、それは百年と続きません。社会の実態というのは、いま申し上げたようにもちろん稲作をはじめとする農業も行われておりますが、それ以外のさまざまな生業を普通の一般の人がそれぞれにやっている。物と物の交換、商業・流通も時とともに活発化していたことは間違いないわけであります。

一遍が登場する少し前の時期になりますけれども、十二世紀から十三世紀にかけての社会というのは、日本列島の外の地域との広域的な海上交通が行われまして、さまざまなものが中国大陸や朝鮮半島から日本列島に流入してまいります。そのなかで最大の流入品の一つが、ご承知のように銭でございまして、十三世紀に入ると銭が社会のなかに非常に活発に流通を始めることになります。十三世紀後半になりますと、列島全域に銭が流通しておりますが、興味深いことは西日本よりも東日本のほうが銭の流通が早いのです。東国の社会というのは、だいたい絹と布が流通しています。列島の西部、西日本は米が貨幣の機能を果たしているわけですが、銭が日本列島に大量に入ってくると、まず東のほうから銭が流通し始めることになります。

そういう状況ですから最初に申しましたように、当時の領主といわれる人々も、農村と申しましたが、村落に設けた自分の館を中心に、そこを主たる生活の領域にして、農民から年貢(3)や公事(4)を取り立てていた、税金を取り立てていた、というふうな形では、到底自分の立場を維持することができないというのが実情だったわけです。つまり社会が非常に激しく動いておりますから、後で絵巻をご覧になるとおわかりいただける通り、この時代は驚くぐらいたくさんの人が動いている。そういう非常に動きのある社会を支配するのに、どこか一ヶ所に腰を据えて、暴力を使って押さえつけるというやり方でおさえようとしても、人をおさえられるものではないわけです。先ほどのような領主に対する捉え方というのは、どうも根本から考え直さざるを得ない。

もちろん館を持ち、その周辺に自分の直営の領地を持っており、その力が百姓に対する支配に大きな意味を持っているということは変わらないと思いますが、それだけで武士が武士としての立場、領主が領主としての立場を保つということは到底不可能です。それだけで社会を考えるとすると、大きな偏った間違いに陥るということが、最近非常にはっきりしてまいりました。社会のなかで自分の立場を保っていくためには、その動いている社会のどこを押さえるか真剣な模索をしているわけです。

実際、各地に散らばっている所領には地頭の代官という者を派遣しているわけですが、地頭代といいますと「泣く子と地頭には勝てぬ」というふうにいわれるほど、なんとなくおっかない暴力的なことばかりやっているような印象を受けてしまうのですが、だいたい十三世紀後半から十四世紀、ちょうど一遍の時代に地頭の代官がやっている仕事というのは、まず百姓とうまい具合に付き合って、正月には酒を呑ませる、年貢が納まったらちゃんといっしょに酒を呑んでやるということをやって、百姓に順調に税金を納めさせる。納められた穀物、麦だとか米だとか稗だとか、いや稗はないですが、蕎麦だとかあるいは粟なんかも年貢になります。他の品物でもいいのですけれども、市庭《いちば》の相場を見て高いときに売るわけですね。だから相場師的な能力も持っていなければならないわけです。

その売ったものは、先ほど申しましたように当然銭で入ってくるのですが、現金の輸送などはしない。為替に組んで手形として送るのです。領主が鎌倉にいるとすれば、あるいは京都でもいいのですが、領主は送られてきた手形を持っていけば、鎌倉で現金化できるわけです。こういうシステムになっていますから、代官は一種の経営者的な能力を持っていなくてはならない。

最終的には決算書を作りまして、百姓と呑んだお金は必要経費になるので、ちゃんと交際費として落とせます。昔から交際費を必要経費で落とせるというのは、長い伝統があるようでして、荘園の外からやって来たお偉いさんをもてなして無事お帰りいただく、そのときの費用なども年貢から控除される。税金から落とせるんですね。そういうことをやって決算書を作って監査を受けると、初めて一年間の業務が終わるというのが、当時各地域の代官のやっていることなんですね。領主自身も海や川の交通に関わりをもって各地の所領を総合的に経営する。そういう一面は持っていないと、鎌倉時代の社会でもやはり支配者としての立場を保つことができないというのが実情と言ってよろしいかと思うんです。

しかもこういう活発な流通は各地の市庭だとか、あるいは津・泊などと言われる湊、さらに陸上交通と海上交通・水上交通の接点にできる宿《しゅく》、後に宿場になりますが、こういうふうな交通の拠点に支えられております。

都市的な場の出現と市庭

十三世紀の後半、つまり一遍の時代になりますと、そういう場所は多少とも都市的な町場と言いますか、都市的な場になる。なかには相当たくさんの家の集まる都市ができているケースもあちこちに見られるようになってきます。「聖絵」のなかにはそういう場所がずいぶん出てくるわけでして、福岡の市[5]（**図6**）のたいへん著名な場面がありますけれども、この福岡の市というのはわりあい閑散としている市庭のように見えますが、実態はもっと家があったんだろうと学者は考えております。実際、この絵は備前ですが、こういうところに外から商人がやってきて物を売っている場面です。これは備前焼だと思います（図7）。この辺りで女の人が絹か布かわかりませんけれども、布を売っている。この人が持っているのは銭ですが、銭で買おうとしているわけです。こういうのはみんな仮屋で、外から来た商人が市庭の立っているときだけ、ここで商売をしている場所なのです。

これ以外に備中の山奥にある新見の市[6]の様子を見ますと、完全に固定した家が二、三〇軒もできていました。その二、三〇軒を中心にして、こういう仮屋が市のときにできるというのが、どうやら実情だったようです。福岡の市もこの時代、おそらく同じようであったのでしょう。絵巻物の絵というのはある場面だけを切り取って、非常に詳細に描いてある。これを一つひとつ眺めていくと実にいろんなことがわかります。一つひとつ申し上げますとキリがなくなりますけれども、魚を担いで売りに行く人の姿も見えます。これまで「一遍聖絵」というのは、こういう場面が非常に多いので、封建社会であるのに特別な変わった絵巻ではないかというふうに捉えられがちなところがありましたが、いま申し上げたように、この時代の社会というのは非常に物も人も動いている、流通の活発な社会でありまして、「一遍聖絵」というのはそういうところを実によく掴んだ絵巻です。この時代のそういう側面が最もよくわかる絵巻というふうに申し上げていいと思うのです。

図6　「一遍聖絵」備前国福岡の市（岡山県瀬戸内市長船町福岡）

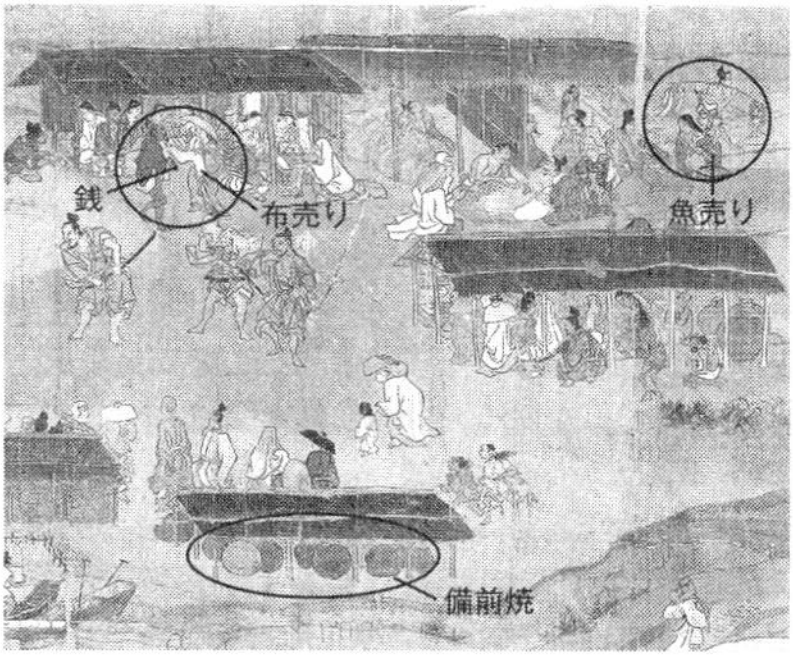

図7　「一遍聖絵」福岡の市　市に並ぶ備前焼や布、魚などの商品や売り買いする人々。銭を持つ人もいる。

図8　「一遍聖絵」常陸国（茨城県）　一遍を招いて供養した人の家。その後、庭の溝から銭50貫が出る。

同じようにちょっと変わった銭のあり方を示す絵をもう一つ出していただきますが、一遍が常陸の国、いまの茨城県に行ったときの話に関するものです。

この場面（図8）は、一遍に供養したと言いますか法会を開くのを援助した家です。その功徳か何かということで、ここの家から五〇貫もの銭が出てきたというふうにいわれております。五〇貫ですと五万枚くらいになりますでしょうか。相当の量だと思います。堀から出てきたといわれていますが、たぶんこれは多少掘ったところから出てきたのだと思います。十三世紀の頃から十四世紀というのは、こういうことがとても多いんですね。

この場面の銭の解釈をめぐって、実はこれはいままでも考古学者や歴史家の間でいろんな意見の違いがありまして、このお金は貯めておいたんだろうというふうに考えられていたのです。私も最初はそう思ったのですが、いろいろ調べているうちに、どうも一度物を土のなかに埋めてしまうと、土のなかの世界というのは異なる界、つまり異界で、神様仏様のものになってしまいまして、人間の世界のものではなくなってしまうんですね。ですから一度埋めた物には所有者がいない。いまでも落とし物を勝手に懐に入れてはいけないというのは、長い伝統の名残りだと思います。埋めてしまうと人のものでなくなってしまう。ですからこれを勝手に自分のものにしようとすると警察が出てくる。主のない無主物、所有者のない物を勝手にしちゃいかんというんで、当時は国司とか守護が出てきて差し押さえをするというようなことをやっております。

土のなかにお経を埋める、例えば経塚というのが平安時代の終わり頃非常にあちこちで行われますが、やはり物を埋めると、それは異界の仏の世界にお経そのものが通ずるところがあるというのでそういうことをやるわけです。埋めてしまうと自分のものではなくなってしまうわけですから、貯めておくというわけではない。

この時代はときどきこういうことが起きたのです。誰が埋めたのかわからない銭が突然地中から飛び出す。この絵の場面も、たまたま出てきた銭が一遍を供養したことへの功徳として得られたのだろうといわれているわけです。それにしても五万枚に及ぶ銭が土中になぜ埋められていたのか。なにかこの時代の人は、銭というのは自分で一度使って、自分

図９　「一遍聖絵」丹後の久美浜（京都府久美浜町）　一遍が念仏をしていると、波間から龍が飛び出す。

が死んだときに全部土の中に埋めて、もう一度別の異界に送り返してしまう。そうした感覚があるいはあったのかもしれませんが、まだ謎であります。「一遍聖絵」はちゃんとそういう場面を描いているので、たいへん興味深い絵巻であることがおわかりいただけると思います。

そういう形で「一遍聖絵」の全体を見ていただくと、いわば都市と言ってもいいような場がたくさん出てきます。それと湊ですね。例えば近江の大津なんていう湊が出てまいりますし、それから兵庫とか明石のような場所も出てまいりますし、淡路の福良の浜とか、あるいは丹後の久美浜（**図9**）とか、そういう場所も一遍の活動の中心になっております。先ほどの福岡の市のような図がこれから後も出てきます。

それからお寺の門前、関寺《せきでら》(7)とか尾張の甚目寺《じもくじ》(8)、これも後で出ると思いますが、片瀬の御堂だとかですね。それから厳島とかその他各地の一宮あるいは八幡宮（**図10**）、こういう人の群集する寺社の門前というのは、この時期に半分はもう都市になっています。十三世紀の後半から十四世紀、つまり鎌倉時代の後半から南北朝時代というのは、われわれが思ったよりもはるかに、日本列島全域にこういう人の集合する、なんと言いますかお互いにあまり関係のない人がたくさん寄り集まる場所というのが展開していたんだということを考えておく必要があると思います。

　全体として「一遍聖絵」には、実は農業をやっている人の姿がほとんど出てこないんですね。これがむしろ「一遍聖絵」が非常に変わった絵巻なんだという捉え方をされていた一つの根拠になっております。しかし、この場面には円形に描かれた畑のようなものも多少見えます。これはむしろ自然に理解するのでいいのではないでしょうか。何も「一遍聖絵」が意識的に農村の仕事を落としたわけではなく、当時の農業の比重というのは、全体のなかで自然に理解する必要がある、農業だけが中心だという従来の考えのほうが、むしろおか

図10　「一遍聖絵」八幡宮　京都の石清水八幡宮（京都府八幡市）に参詣する。

しいのではないか。私はそう考えることができると思っているのです。

「遊行」「賦算」「踊り念仏」

一遍の絵巻というのは、「旅をする人々」――黒田日出男さん(9)が本の題名にもお取りになりましたけれども――、旅をする人々の絵巻だというふうにいわれているのですが、確かにこれは一遍の思想である遊行《ゆぎょう》を端的によく表現している一面ではあります。けれども、決してこの時代の社会全体のなかで非常に飛び離れた状況ではない。むしろ一遍の思想というのは、そういう社会の状況を充分捉えた上でと言いますか、そういう状況のなかに生きた一個の思想家の創り出した思想であるというふうに考えたほうがよろしいのではないかと思うのです。

一遍の布教の方法のもう一つの特徴というのは、信じる者も信じない者も、仏に対して信仰の気持ちを起こさない者も選ばない。あるいは穢《けが》れているといわれている人、穢れていない人、つまり浄不浄ということも一切問わない。さらに善人である、悪人である、善悪を問わない。要するにすべての人々に南無阿弥陀仏という名号を書いた札を配る。これが賦算《ふさん》です。たくさんの人に算(札)を配る。これも一遍の布教の方法の一つの特徴であ

図11　「一遍聖絵」筑前国（福岡県）　武士の館で主人に念仏札を授ける場面。

図12　「一遍聖絵」信濃国小田切の里（長野県佐久市中小田切付近）武士の館で踊り念仏が始まる。

図13　名号札

ります。遊行（図11）と賦算。それから念仏をする歓びを踊りで示す（図12）、「踊躍歓喜《ゆやくかんぎ》」といわれ、体そのものの躍動によって信仰の歓びを表現して人々を信仰に導き入れる、踊り念仏、あるいは念仏踊りといわれる方法。いままでの一遍についての研究のなかで、この「遊行」と「賦算」と「踊り念仏」、これらが一遍の布教の独特の方式であるということが広く認められているわけであります。

まず遊行について申しますと、どこにも一ヶ所に留まることなく身命を山野に捨て、居住を風雨に任せて遍歴をするということですが、その旅のあり方というものを自らの布教の一つの方式として確立したというところに、やはり一遍の思想家としての一つの特色がはっきり表れているのではないかと考えられるように思うんです。

それから賦算という「札を配る」こと、これもある意味では同様でありまして、一遍は「六十万人決定往生《けつじょうおうじょう》」ということを言っておりまして、六十万人に南無阿弥陀仏と書いた名号札（**図13**）を配る。これは先ほど申しましたように、信じている者も信じていない者も、穢れている者も穢れていない者も、悪人であれ善人であれ、すべての人がこの名号札を受け取れば救われる。これは一遍が配っているのではない、阿弥陀様が救うということはすでに阿弥陀様の心のなかで決まっているんだということを根底において、賦算ということをやるわけであります。一遍の目標にしていたのは人口の約一〇分の一に賦算をするということになっております。これは相当の数と考えなくてはならない。この目標が達成されたか否かそれは具体的に私ではわかりませんけれども、しかしそれを目標にし得たということは、これは可能であるという見通しがあったからで、やはり人間は不可能なことは目標にし得ないと私は思いますので、そう考えられるわけであります。なぜそれができたかというと、これはやっぱりたくさんの人の集まる場所、つまり先ほど申しましたような福岡の市のような都市的な場が、非常に広い範囲で展開している。さらに旅をする人たちがきわめてたくさんいたがゆえに、初めてそれが可能になったんだと言うことができるのではないかと思います。

次の絵（**図14**）は、まさに遊行を最もよく示している場面だと思います。これは鎌倉ですが、一遍が遊行のため鎌倉に入ろうとしたのに対して、（絵中の）この人物、北条時宗というふうに捉える方もいるようですが、とにかく鎌倉に入ることを拒否された非常に有名な場面であります。鎌倉の外でなら遊行してもいいというので、後に片瀬の御堂にたくさんの人が集まってくる。これだけの集団が、一遍の下に従って遊行をしている。その遊行の過程で札を配るわけです。

もう一つが踊り念仏です。片瀬の念仏踊りです。この場面は一遍が鎌倉に入ろうとしたのを拒否されてから、片瀬で念仏踊りをしている場面（**図15**）です。片瀬の御堂で一遍が先頭に立って踊り念仏をやるわけですが、こういう舞台が造られるわけです。あと京都の場合もそうですし、さっき言いました近江の関寺の場合もそうでありますけれども、一種の仮設舞台のようなものが造られて、その上で踊り念仏が行われる。これまでの研究でも一遍の踊り念仏というのはいわば一種の芸能のようなもので、芸能の興行のようなもので、人が群集する場で踊り念仏を行うことによって、たくさんの人を惹き付けて信仰に導き入れていく。自分たちの歓びを踊りで表現する、その歓びのなかにたくさんの人を信仰の道に導き入れていくという方法になるわけであります。

その意味で一遍の宗教というのは、まさしく都市の発展ですね、先ほど言いましたように海辺の至るところに大小の都市ができる、あるいは川の畔にできる、あるいは川の道と陸の道の交差点にできる。そういう至るところに都市が成立するという状況を視野に入れて、それを前提として伝道の方法を確立した宗教であったということに注目しておく必要

図14　「一遍聖絵」こふくろさか（神奈川県鎌倉市雪ノ下の巨福呂坂付近）

図15　「一遍聖絵」かたせの浜の地蔵堂（神奈川県藤沢市）における踊り念仏

があると思うのです。

神仏と金融・商業

ただ、この一遍の教えが都市民に直線的にスムーズに受け入れられていったわけではないということを考えておかなくてはならない。これはたいへん大事な点ではないかと私は思うのです。というのは、いま私はしきりに十三世紀後半から十四世紀にかけてというのは、流通商業がたいへん発展して都市がどんどん成長してくる、つまり非常に新しい活気に満ちた社会の動きだということを強調してきたわけです。確かにこれはそういう一面をはっきり持っていて、銭の流通ということを考えますと、言ってみれば、これまでとは違い、すべてのことが数字で計量的に表すことができるようになってまいります。先ほど荘園の経営、領主の代官の経営について申しましたような、数字の計算をしてその決算書をちゃんと作って監査を受けるなんていうことができるようになってくる。いわば商業流通の発展というのは、文明の非常に明るく輝かしい合理的な面が発展してくる、そういう光の世界が現れてくるという一面があることは、間違いないところだと思うのです。

しかし、実はこの十三世紀後半から十四世紀にかけての商業流通あるいは都市の発展というものは、かなり重要な社会的・文化的・思想的な転換を伴っておりまして、この転換というのは決して単純に明るく輝かしい合理的な光の世界だけではない。むしろ暗く、きわめて抑圧されてゆく人々を含む、いわば一種の影の世界に迫いやられようとする人々がいたということがあることも充分考えておく必要があると思います。この転換期が持っている意味の光と影を、本当の意味で明らかにすることは今後とも必要ではないかと思うのです。

いま私の理解している限りで申し上げますと、実は商業・金融というと、私自身、さっき申しました非常に合理的な計算によってすべてが動くというような捉え方をしがちでした。しかし、よくよく調べてみますと、十二世紀から十三世紀前半以前の商業・金融というのは、ある意味で非常に原始的で呪術的な、人の力を超えたものの力、神仏というふうに表現されるようになってまいりますが、どうもそういうものに支えられていたというふうに考えなくてはならないようであります。

市庭というのは、いわばそういう、人の力を超えたものの世界で、後の神仏といわれるような世界と、世俗の人間の生きている世界とのちょうど境のようなところにできる。場所としていうと河原だとか、あるいは中洲だとか、あるいは海の際の浜とか、そういう場所に市庭が立ちまして、そこに入ると物も人も世俗の世界と縁が切れる、物は物だけになる、人は人だけになる。そういう場所が設定される。市庭というのは自然にそういう形でできて、そこで交換が行われるようになったんだと現在では捉えられております。ですから、そういう交換が行われるのは、その場だけで行われるというのが本来のあり方であったようです。

金貸し、つまり金融もまた同じでありまして、物を貸して利息を取る。考えてみると非常に不思議なことで、借りたら元金だけ返せばいいのになぜ利息を払わなきゃならないのかという問題は、経済学者もきちんと説明できないと聞いたことがあります。ただ、金融の原点を辿ってみますと、これは神仏に捧げられた初穂⑩のようなもので、そういう形で金融が行われていた。やがて貸す物がお金になりましても、利息の計算の仕方で、「五把《ごわ》の利」(出挙《すいこ》の利息は年利の上限が五割だった)という言い方はずっと後まで残るわけです。金融というのはこういうことで行われるんだとよくわかる。ここでも、神仏に捧げられた物が初めて資本として動き得る。

例えば土木建築事業なども同様でありまして、これは勧進という形で神様仏様に対する寄付金を募るわけです。この募られた寄付金を資本にして職人を雇って梵鐘を造ったり、もっと大掛かりな場合には建築をやったり、ある場合にはその資本で貿易船を造って、中国大陸へ出かけて貿易をやって、その利潤で大きなお寺を建てる、あるいは大きな土木工事をする。こういうのは一種の事業であり企業と言ってもいいと思います。これができた背景にあるのは、資本になっているのが神様仏様のものだから可能なんだという捉え方が、十三世紀の前半ぐらいまで、あるいは十三世紀の後半に入っても社会に広くあったわけです。

これはだいたい十二世紀頃に出来上がってくる身分ですが、商業とか金融とか交通、さらに穢れの浄めのようなことに携わる人々というのは、神仏直属の人です。いちばんよく出てくるのは神人《じにん》という身分でありますが、仏様に直属する人を寄人《よりうど》といったり、天皇の場合には供御人《くごにん》などといいますが、こういう称号を与えられていた。商業・金融というのは、やはり神仏と深い関わりを持って行われていたというのが実情だったのです。

そういう原始宗教のようなものをまだ残している神仏の権威が、十二世紀の後半から十三世紀後半にかけて次第に低下し始めるわけです。その低下の一つの大きな原動力になったのが、銭という新しい形態の貨幣が流通し始めたことで、それに伴って商業や金融が質的に違った発展をし始める。これがやはり神仏の権威の低下の背景にあったわけでありまして、それまで貨幣の機能を持っていた米とか絹とか布に代わって、米や絹や布は最終的には消費できる物ですけれども、まったく消費できない銭が、いわば交換のためだけの物である銭が流通し始める。このことがそれまでの富に対する人間の感覚を大きく変えていきます。

一度貯めた銭を土中に埋めるという行為は、そのなかで行われたと思うのですが、いわば価格差を利用した、市庭と市庭の価格の違いを利用した飽くなき利潤の追求とか、あるいは金融の利子率についても、それまでの規制を超えた利子を取る人が現れる。これまでそれに対して加えられていた神仏の権威による規制というものを超えて、富に対する欲望が人の心を捉え始める。これは否応のない動きでありまして、かつて神人のような人をそれぞれ所属させていたような大きな寺院だとか神社、あるいは王朝・天皇、さらに鎌倉にできた幕府は、こういう動きを厳しく取り締まるようになる。つまり一定の基準を超えて利子を取るような動きとか、あるいは価格差を利用してどんどん利益を上げようというふうな動きに対して、それを悪党あるいは悪僧と呼んで、これを規制しようとする動きが出てくる。

女性は生理と出産に絡んで、これまた否応のない穢れを背負った者という仏教の考え方が元々あった。生理と出産、さらにセックスそのものも、これはずいぶん男性の勝手な考えだと思いますけれども、男性の穢れを受ける者という捉え方がされ、女性を穢れた存在とする見方もこのころ表に現れてきます。

こうした否応なしに悪とされている人々をいかにして救うか、救済するか、私は、これがこの時代のすべての宗教者の課題であったと思うのです。しかし時代の動きのなかでは、否応なしに取り締まりの対象とされるような商業・金融をやり、あるいは殺生なり、あるいは穢れを浄めるというふうな仕事をする人たちがいたこと、男性の穢れを受けるのが、生きてゆくためには当然なあり方とされた女性たちの存在、一遍という人は、まさしくそれに一つの解答を与えたのだと言うことができると思います。先ほど言いましたように「信不信」「浄不浄」「善悪」「男女」を問わず南無阿弥陀仏の札を受けることによって、すべての人が救われるということです。

自らを捨てる一遍の生き方

この一遍の教えは、悪人のほうが善人よりもはるかに仏の心に近いということを強調する、いわば善と悪というものをかなり鋭く対立する捉え方をした親鸞の悪人正機(11)に対し、ある種の一元論でありまして、強烈さに欠けるところはあると思いますが、一遍はすべてを、自らを捨てるという生き方を通して救済の道を示したのです。ですから、その一遍の教団には最初から女性が加わっております。

これを図像によっても知ることができるのは、先ほど挙げた通りでありまして、実際、一遍の周りに集まる人々には非常に女性が多かったことがよくわかります。これは一遍がここで亡くなる、往生しているところ（図16）でありますけれども、この一遍がいまや亡くなるということを聞きつけて、いろんな人が集まっていきます。このなかでポニーテールのような髪形をしている人がいます（図17）。この時代の人々は烏帽子を被っているのが普通ですから、こういうふうに成年男子でありながら髪をポニーテールのようにしているのは、どういう人かよくわからない。私には主である一遍が最後の説教をやっている状況を、門の外にいて心配そうに見守っている（図18右下）ように見受けられます。それが一遍が亡くなった場面では、ついに門の中に入って多くの人といっしょに一遍を見送り、そのうちの一人は入水往生を遂げる、という経緯がここから読み取れると私は思うわけです。ご覧いただくとわかりますように、女性の姿が非常にたくさん見受けられるのも注目すべきことだと思います。

絵の図像を通して見るとそういうこともわかりますが、詞書《ことばがき》を見てみますと非常に面白いことが出てきます。例えば尾張の国の甚目寺で、一遍をはじめとして弟子たちが行法《ぎょうほう》を営んでいる。しかしだんだん食料が尽きて一遍たちが非常に疲れてきた。ところがそのすぐ近くの萱津《かやつ》の宿《しゅく》に泊まっていた徳人、つまりお金持ち二人が同じ夢を見た。これは「遊行上人絵巻」の甚目寺の場面でありますけれども、これではない「一遍聖絵」のほうの甚

図16　「一遍聖絵」一遍臨終の場面

図18　病を押して観音堂で法談する一遍。聖戒が遺戒を筆記する。

図17　髪の毛を後ろで結び、ポニーテールのようにした男性。

目寺の場面に絡んで、徳人二人が同じ夢を見て、いま甚目寺で行法をやっているお坊さんに施行をしろ、施しをやれというふうに甚目寺の毘沙門天からのお告げを受け、そこで徳人たちが一遍に対して施行をしたというふうな場面が出てまいります。つまり一遍を支持した人には金持ちがいる、徳人がいるということは一つ注目すべきことであります。

もう一つその場面のすぐ後に、美濃・尾張（岐阜県・愛知県）の悪党[12]が、一遍の遍歴の安全を保障する、つまり、上人の遊行に何か妨げをする者があったらわれわれが許しておかないという高札を立てます。つまり一遍の遍歴の安全を、悪党が保障している。この悪党といわれている人々は尾張・美濃の交通路を完全に管理しているわけで、彼らが自分で高札を立てて、この坊さんたちの妨げをしたらただじゃおかないぞ、ということを言っている。その結果、三年間一遍は海賊やあるいは山賊の妨げを受けることなく、安全に遊行ができたということが出てまいります。これが図像でどういうふうに表現されているかなかなか難しいのでありますが、先ほどのポニーテールの男性というのは、たぶんこういう人に関わりのある人じゃないかというふうに私は考えております。

しかし、女性に支持され、悪党といわれる人に支持されている一遍に対しては、当然ながら、当時の社会のある一方からたいへん激しい批判が加えられます。その代表が『天狗草紙[13]』でありまして、「念仏をするときは頭を振り、首をゆすって踊り回る、まるで野馬のようだ。野の馬のようだ。騒がしいこと山猿に異ならず」と批判している。とにかく一遍たちの踊り念仏に対して、これはまるで野馬が跳ね回っている、あるいは山猿がぎゃあぎゃあ言っているのと違いがない、という非難が一遍の教団に対して加えられたのです。

時宗教団の発展

しかし、この絵巻を描いた聖戒《しょうかい》という人も一遍の教団に対する批判をよく知っていたと思うのですが、「一遍聖絵」を見る限り、こういう非難をまったく意に介してはいない。絵巻のなかで多少は男女を区別しているものの、全体としてどれが尼さん、女性だかわからない描き方で、あまりそれを意識していないことがはっきりわかる。

ところが、一遍の次の代の遊行上人・他阿《たあ》真教という人の生涯を描いた「遊行上人縁起絵」あるいは「一遍上人絵詞伝」を見ておりますと、一遍の教団に対する批判を非常に意識した結果だと思うんでありますが、僧の集団と尼の集団をはっきり区別しているケースが出ています。尼は顔が真っ白に描かれているものがある。男女がはっきりわかる（図19）。とにかく時宗の集団は男女をいっしょにごちゃごちゃさせることをしていないんだということを、意識的に強調するような絵巻の描き方が、「遊行上人縁起絵」の場合には出てまいります。これはいまのような非難に対するはっきりした意識的な対応でありまして、一遍の時代のように自由に遊行をし、踊り念仏をして布教していた時期と違って、もう一種の時宗という教団を成しているようになった他阿真教の時期の時宗教団の姿勢がそこにはっきり表れている。はっきり申し上げると、逆にいまのような差別に対して妥協する、極言すれば加担する一面すら窺えると言わざるを得ない。

他阿真教の時代というのは、都市民に対する布教という点では時宗が大きな進展を見せた時代です。「絵詞伝」を詳しく読んでみますと、他阿真教の歩みというのは、日本海の主要な港町をはじめとして、都市的な場を非常に広く布教しておりますし、たくさんの信者を都市民から獲得している。それは「時衆過去帳」（図20）という、時宗の僧侶たちの亡くなった場所を相当長期にわたって記録した過去帳が保管されておりますけれども、それを見ましても当時の十四〜十五世紀に有力な都市と考えられるところ、北は十三湊《とさみなと》（青森県）から南は確か坊津《ぼうのつ》（鹿児島県）に至るまで、時宗の影響が海辺の港町に広く広がっていることがよくわかります。

これは時宗の影響とただちに言えるかどうかわかりませんけれども、たいへん不思議な問題で今後解決すべき問題だと思いますが、十四〜十五世紀の都市の人々、例えば問丸《といまる》[14]とか酒屋《さかや》とか土倉《どそう》というこういう金融業者、あるいは商人の間に、なんとか阿弥《あみ》、阿弥号を

図19　「遊行上人縁起絵」より　中央の集団は男女の区別がはっきりわかる。

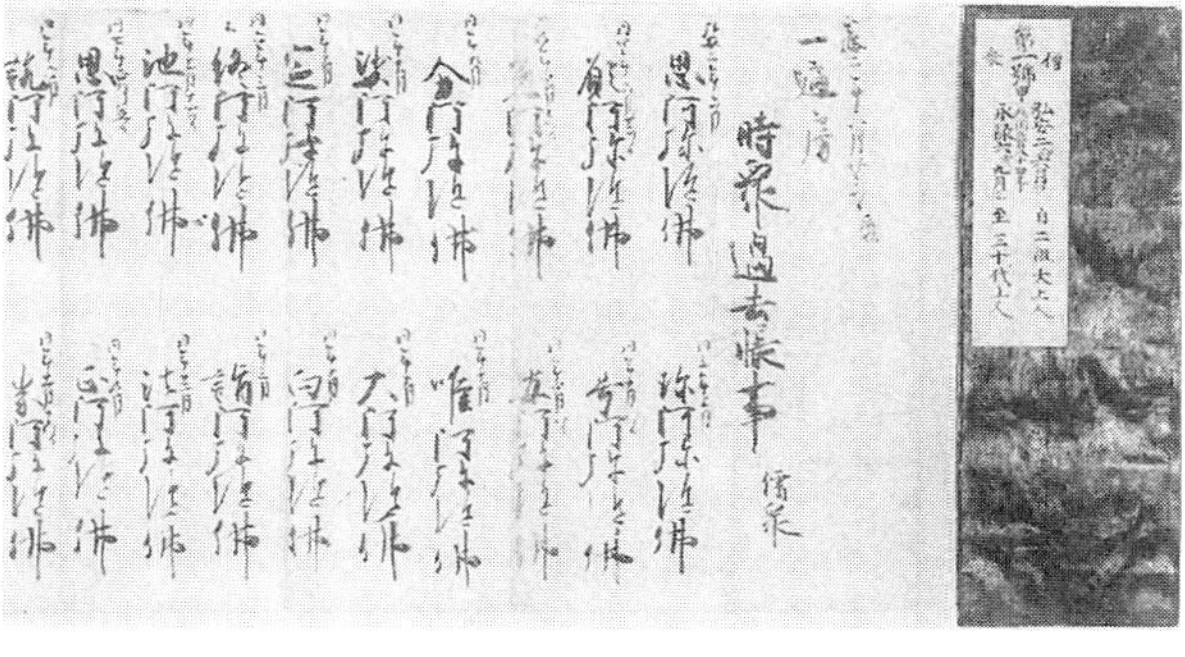
時衆過去帳事

図20　時宗の僧侶を記録した「時衆過去帳」（清浄光寺蔵）

名乗る人が非常にたくさん見えるのです。十三世紀の後半ぐらいから目立ってまいりますが、私はたぶんこれが時宗と無関係ではないと思うのです。やはり時宗の教団というのは一遍の教えを出発点として、こういう十四〜十五世紀に発展してくる都市の人々の間に、大きな影響力を及ぼしたことは間違いないのではないかと思います。

時宗の教団に少し遅れて、もちろん出発点はそれよりも早いわけでありますが、親鸞の浄土真宗が十五〜十六世紀から次第に社会的に大きな勢力を持ちはじめます。おそらく時宗の後を受け継ぐというような形で、時宗は真宗にかなり喰われるのではないかと思いますけれども、真宗の場合もやっぱり都市の宗教で、これは決して農民の宗教では私はないと思うので、都市の宗教の性格を色濃く持った教団だというふうに考えることができると思います。

いままでの時宗に対する捉え方が、やや時宗を特異な集団と考えすぎているところがあると思いましたので、この時代の都市の発展、商業の発展のなかに時宗を置いてみるとこういうことが考えられるということを少し強調してみました。最初に申しましたが、都市のあり方というのがたいへん大きな問題になっている現代、一遍の生き方というのを改めて見直してもいい問題があるのではないかと思います。

註

(1) **遊行寺** 神奈川県藤沢市にある清浄光寺の俗称。時宗総本山で藤沢山無量光院と号す。開山は一三二五(正中二)年、遊行上人四世の他阿弥陀仏呑海による。

(2) **「一遍聖絵」** 一遍上人の諸国遊行・布教の生涯を描いた絵巻。十二巻からなる。第十二巻の奥書には正安元(一二九九)年八月、聖戒が詞書を、法眼円伊が絵を、藤原経尹が外題を書いたと記されている。一遍伝として成立年が最も早く同時代史料としても価値が高い。作中には武士・猟師・非人・漁民・芸能者・水上陸上の運送業者などさまざまな人々が盛り込まれており、当時の風俗・慣習を知る史料として貴重。

(3) **年貢** 荘園・公領において、耕地に対して賦課された貢納物。米以外にもさまざまなものがあった。平安から鎌倉にかけては所当・土貢などとも呼ばれた。

(4) **公事** 「くうじ」とも読み、荘園公領制下での年貢以外の雑税の総称。律令の庸調・雑徭に由来し、内容的には特産物などを納入する雑公事と労役である夫役に大別できる。万雑公事ともいう。

(5) **福岡の市** 備前国上道郡《じょうとう》(現在の岡山県瀬戸内市長船町福岡)にあった、福岡荘に成立した市場。吉井川と山陽道との交点にあたり備前南部の物資集散の要地であった。

(6) **新見の市** 現在の岡山県新見市北西部を占める新見荘の市場。

（7）**関寺**　逢坂関（現在の滋賀県大津市逢坂）の東の街道沿いにあった古寺。創建年は不明。古くから有名であったが、南北朝期以降荒廃し、いまは残っていない。

（8）**尾張の甚目寺**　愛知県あま市甚目寺東門にある真言宗の寺院。同寺に伝わる一二六四（文永元）年の縁起によると開山は五九七（推古五）年とされている。

（9）**黒田日出男**（一九四三年〜）　歴史学者、専攻は日本中世史。著作は『中世を旅する人々』（朝日新聞社、一九九三年）、『絵画史料で歴史を読む』（ちくまプリマーブックス、二〇〇四年／ちくま学芸文庫、二〇〇七年）、『王の身体　王の肖像』（平凡社、一九九三年／ちくま学芸文庫、二〇〇九年）、『龍の棲む日本』（岩波書店、二〇〇三年）、『境界の中世　象徴の中世』（東京大学出版会、一九八六年）ほか。

（10）**初穂**　元来は神・首長に捧げられた漁撈・狩猟・採集の最初の獲物や収穫物。初尾ともいう。律令成立以前に天皇・神に対する贄《にえ》として制度化され、律令制下では租や出挙といった、いわゆる百姓の負担になった。平安末期以降、初穂は上分《じょうぶん》ともいわれ、神仏に捧げられた神物・仏物とみられていた。鎌倉に入ると市の最初の交易による収益や関所料なども初穂として徴収されるようになり、こうした神仏の物は神人・寄人らの出挙＝金融の資本として運用されることが多かった。

（11）**悪人正機**　悪人こそが阿弥陀仏の救いの対象であるとする教え。

（12）**悪党**　鎌倉後期から南北朝期にかけて、秩序ある体制を固めようとする支配者に対して反抗し、夜討ち、強盗、山賊海賊などを行った武装集団。悪党はその頃の非人や山伏の装束をまとい、飛礫などの特有の武器を駆使し、荘園の紛争に介入するなどした。悪党のなかには狩猟・漁撈・商工業・運輸・金融など非農業的な生業に主として携わり、本拠地を中心に広く遍歴する人が多く、神人・供御人・山僧の地位を持つ者も少なくなかった。

(13)**『天狗草紙』** 鎌倉末期に成立した絵巻。詞書には一二九六(永仁四)年の制作年が記されている。全七巻。興福寺や延暦寺などの僧侶が寺の伝統を頼んで驕慢に振舞う様子、浄土・禅など新興宗教が独善に走る狂態ぶりを「天狗の七類」にたとえて宗門批判を行った。

(14)**問丸** 中世、年貢米の陸揚地である河川・港の近郊の都市に居住し、運送、倉庫、委託販売業を兼ねた商人。鎌倉時代頃から組織され、主に荘園からの年貢米の輸送を行った。鎌倉時代末になると、港湾を所有する領主に隷属して仕事をするだけではなく、その港湾を利用する他の領主の要求にも応じ、年貢米の輸送管理を引き受け、港湾所有領主への隷属を脱し、仲介業者または運送業者として独立した。

あとがき

藤沢・網野さんを囲む会　松延康隆

一九八二年の秋、私たちは神奈川大学の網野さんの研究室を訪ねた。常民文化研究所を神奈川大学が継承することにともない、名古屋大学から網野さんが移られて間もなくのことであったと思う。当時、新進気鋭の歴史家としてその名が知られ始めていた網野さんに、多忙を理由に断られることを半ば覚悟の上で私たちは講演を依頼したい旨の来意を告げた。「私のようなもので本当によろしいのですか」。わずかに困惑したような表情を浮かべながらも、背筋をシャンと伸ばして、私たちの顔を真正面から見据えて言った網野さんの言葉がいまでも鮮明に心に残る。

私たちは有志五人で藤沢・網野さんを囲む会をつくり、それから一〇年以上にわたって、毎年網野さんの話を伺う場を藤沢でもつこととなった。本書に収められた第一章から第四章の講演は、初回から第四回の講演に該当している。その後の第十回までの講演は、録音・活字化といったことを抜きにして自由に語りたいという網野さんの意向もあって、十分な記録が残っていない。ただ、第五章に収めた十一回目の講演は、一九九六年に結成された藤沢「遊行フォーラム」の最初の記念講演であり、地元のレディオ湘南で放送されたものであるため加えることとした。なお、網野さんの啓発を受けて結成された同会は、〝地域からの文化の創造〟をテーマに、演劇や伝統芸能の公演、歴史・文化講演・研究会など多彩な活動を積み重ねて現在にいたっている。

いずれにしろ本書に収められた講演は、十余年にわたる網野さんと私たちとの交歓の一部でしかない。講演後、網野さんには必ず酒宴にお付き合いいただいた。歓談は毎回深夜に及び、酒の飲めない仲間が運転する車で練馬のご自宅にお送りするのは翌朝というようなこともあった。話題は歴史や文化を離れて世事万般にわたり、帰りの車中まで途切れることがなかった。慎重に言葉を選んで語ろうとする網野さんに、「もっと本音を語れ」などと暴言をはいて挑発したあげくに、やがて津波のような反撃にあって意気消沈し、叱咤激励されるのが常であったが……。思い返せば、私たちは何と豊かな時間を過ごさせてもらっていたことだろう。

私たちが網野さんに接したのは、網野さんが膨大な歴史史料との長期にわたる格闘を通じて、自らの課題と方法論を確立した時期であった。以後、二十余年の間、網野さんは文字通り命を燃やすような勢いで研究成果を発表し続けた。戦後の歴史学・民俗学に占める網野さんの業績については、もとより素人の私たちが云々できるものではない。ただ、網野さんは、私たちのような相手に対しても姿勢を正して真っ直ぐに向き合い、胸襟を開いて対話し、相手の立場に立って考えることのできる人であった。この姿勢を、史料に残る無名の人々に対しても貫いたことが、網野さんの学問を支えた根源的な力であったように思う。

網野さんが本格的に歴史学を志すことになった経緯は第二章の講演で語られているが、学生時代の政治活動における蹉跌といったことは、私たちの世代にとっても平凡なことでしかない。ただ、自己と世界に対する絶望をバネにもう一度ありのままの事実を見据えることを志すのには、強靭な倫理に裏打ちされた意志が必要であり、そのような姿勢を生涯にわたって貫くことは非凡なことである。網野さんのもつこのような意志の姿勢は、私たちにとって、自己の存在の核にある、ある痛みに似た感情を喚起し、現実に対して真正面から誠実に対応することを促す啓発力をもっていたように思う。そして、このようなたぐいまれな人格と人生の交点を共にすることができたことは、私たちにとって望外の喜びであった。しかし、「やることは無限にある。時間が欲しい」と、常々語っていた網野さんにとって、私たちとの交歓に費やされた時間がいかなる意味をもっていたのか。その意味を確認する作業として、私たちは本書の編集を行うことを意図した。

すべての葬祭儀礼を拒否し、医療機関に献体することによって、最後まで意志の姿勢を貫いた網野さんが逝って一年半が過ぎた。網野さんの遺骨は最近ようやくご遺族のもとに戻り、近々郷里の山梨の生家に近い、甲斐の美しい山々が一望できる場所に埋葬されるとのことである。私たちも昔の仲間をさそって、墓前に網野さんの大好きだった日本酒とともに本書を供えたいと思っている。

最後に、本書を上梓するにあたって、ご支援とご協力をいただいたすべての人たちに感謝の意を表します。とりわけ、本書の出版を快諾していただいた奥様はじめご家族のみなさま、毎回の講演にもご協力いただき今回も貴重な図版等をご提供いただいた藤沢遊行寺の関係者の方々、本当にありがとうございました。

二〇〇五年　一〇月　七日

文庫版あとがき

藤沢・網野さんを囲む会　阿部　忠

大胆な切り口で展開された『無縁《むえん》・公界《くがい》・楽《らく》』を私たちは非常におもしろく読んだ。ただ不明な点や疑問も多く浮かび、著者に直接話を伺おうと何度かの講演を網野さんにお願いした。

聴き手は小・中学校の教員や会社員、商店主などいずれも歴史には素人の二〇～四〇人ほど、網野さんも戸惑われたことだったろう。

素人なりにどのようなことを考えての依頼だったのかについては本書の司会の提起や質疑、討論を読んでいただければと思う。講演を聴いていた私たちは、気持が強く揺さぶられ身が縮むような思いと豊穣な気持が同居するぜいたくな時間を過ごした。

身が縮む思いは不勉強で歴史を知らないということだけではない。歴史は進歩しているという文字通りの思い込みや、ある時代を生きた人間の幻想や思想を想像することさえなかった能天気を考えざるをえなかったことから生まれた。

豊穣な気持は、次から次へと飛び出す新たな知への興味と網野さんの真摯な姿勢がもたらした。講演と質問、討論は毎回四時間を超えた。

場を変えてのお酒の席でも話はさらに熱を持ち、絵巻、悪党、一揆、飛礫《つぶて》、銭、文字、仏教、百姓、海……が語られた。蓄積されていた膨大なテーマは、後に多くの著作として発表され、豊かな内容を知ることとなる。熱気が吹きこぼれるような席での話は歴史にとどまらず政治や文学、風土、はては職場のこと、生活や家庭のことのあれやこれやが語られ、網野さんが熱心に耳を傾け、真直ぐに話をされるのも常のことだった。

歴史を全体としてつかもうと鉈《なた》を手に一人で深山に入り黙々と木を切り道づくりをしている姿に見えた。

吹き込まれたエネルギーは広がりを持った。メンバーの中心の松延康隆は歴史の道に入り「銭と貨幣の観念」(『列島の文化史』6(日本エディタースクール出版部)所収)を発表し、網野さんも『日本の歴史を読みなおす(全)』(ちくま学芸文庫)、「文学界」での岩井克人さんとの対談などでもたびたび言及されている。宮本常一の著作に出合う者、講演で耳にした上《かみ》ノ国《くに》や時国家《ときくにけ》、草戸《くさど》千軒《せんげん》を訪れる者、山の整備や畑仕事をしながら百姓仕事の多様さを考える者などさまざまな形で永く影響は続いている。

残念なことは「すごくおもしろい本が出た。これを読もう」と『無縁・公界・楽』を持ち込んだ書店東京堂の林建二君が病に倒れ世を去ったことだった。

*

この講演は、出版することを念頭にしたものではなかった。記録として残しましょうということで録音テープをおこし、お送りしたところ訂正の朱が小さな字で紙が真っ赤になるほど入って返送され、参加者だけにガリ版で手刷りの冊子として渡したものである。遊行寺で後醍醐像や「一遍聖絵」を解説していただいたり、佐渡で周防《すおう》猿廻しを見学したことを憶い出しながらの記録の整理は楽しいものだった。

二〇〇四年、網野さんは逝去された。一年半ほど後、記録が消えてしまうことを残念に思い冊子を手に奥様に出版の許可をお願いした。

「非常に元気だった頃で、藤沢に行くのは楽しみにしていました」と快諾を得、本の森から世に出すことができた。

今回は奥様から『列島の歴史を語る』を手渡された筑摩書房の町田さおりさんから「ちくま学芸文庫」として出版したいと連絡をいただいた。細い糸で繋がり再び出版されることになったのも網野さんの魅力がもたらしたと考えている。

広く伝わることを素直に喜びたい。

二〇一四年　二月

藤沢・網野さんを囲む会　松延康隆・阿部忠・川島進・林建二・清野裕司

網野さんと私

五味文彦

1

もう何年前になろうか、私が大学で中世史の勉強を始めた頃であるから、四十五年以上も前になる。学内の中世史の研究の勉強会に網野さんをお招きし、お話を聞く機会をもったことがあった。

その頃網野さんはまだ東京都立北園高校の教師をなさっておられて、研究を始められた頃のことや、今、進められている研究についての話をうかがったのだが、その時の第一印象として、よく通る声で、情熱的に語られる方だ、と思ったものである。

話の内容自体は、学生であったこともありよく覚えていないが、南北朝時代の若狭国についてのものであったことをかすかに記憶している。後でわかったのだが、実にその研究対象が網野史学の原点であった。

というのも、本書の第一章の「日本史の転換点としての中世」において語っておられる、室町時代以降の社会のあり方が今に直接つながっていて、それ以前は隔絶しているという論点は、南北朝時代の若狭の村、特に東寺領の太良荘《たらのしょう》の研究から発していた。日本を島国とみる狭い島国論への批判は、若狭の漁村の廻船の動きや小浜に入港した東南アジアの人々の動きを探ったことから発している。さらに東の国と西の国との東西比較論も、若狭国と網野さんの育った甲斐国との比較から発しているのであろう。

大学を出られてから漁村史に関心を示し、民俗学に関わっていったのも、この若狭を研究の対象としたことに始まっていると考えられる。

だが話を聞いた私は、そうしたことに何も関心を抱かず、ただ荘園の村研究の面白さに気づかされ、文書をしっかり読むことの重要さ、研究への情熱の持ち方、社会への批判精神などを心に刻んだのだった。それもあって卒業研究で私は、薩摩の入来院《いりきいん》と和泉の大鳥荘の村の比較研究を試みたのである。

さてその後、網野さんの骨太な研究が認められて、名古屋大学に迎えられると、やがて東大の「大学闘争」で職を辞されていた佐藤進一先生を名古屋大学にお迎えしたことから、網野さんの研究は大きく進展していった。

名古屋が東と西を睨んで独自な位置にあったこと、大学の研究室が鋳物師に関わる真継《まつぎ》文書を所蔵していたこと、同僚や佐藤先生とその門下の俊秀であった石井進・笠松宏至・

勝俣鎮夫氏らとの交流があったこと、さらに中世史を志す学生に恵まれたことなど、素晴らしい研究環境にあって、新たな研究を次々と展開していったのである。

網野史学の基礎はこの名古屋時代に築かれたのである。なかでも鋳物師に関わる真継文書の研究を通して、海の民論からさらに非農業民論へと研究は広がってゆき、鋳物師が蔵人所に組織されていったことに着目して天皇論の研究が始まった。本書の第三章の「新たな視点から描く日本社会の歴史」はこの時の研究上に位置づけられよう。

私も、修士論文では分業論を軸にして中世の在家の非農業民的位置づけを行っていたことから、その新鮮な研究に大いに心を動かされたが、大学での研究会以来、接点は少なく、一研究者としてその研究を見つめていた。

網野さんの研究は、厳しい史料批判を展開する佐藤先生やその門下の石井進氏らの法史学とでもいうべき研究者との交流を経て、さらに磨きがかかり、やがて石井・笠松・勝俣氏らとの研究は社会史と称されるようになって、網野さんはその代表格と見なされるようになっていった。

私はその佐藤・石井両先生から学問の手ほどきを受けていたこともあって、そうした研究を眩しい思いで見ていたが、それに直接関わることはなく、ただ文書をしっかり読むことの大事さを網野さんの仕事から胸に刻んでいたので、東寺文書ではなく、東大寺文書の写真版を購入し、院政期の新たな研究を志していた。

2

網野さんの新たな転機は名古屋大学を離れ、神奈川大学に移られたことにあった。なぜ移られたのか、諸説が聞こえてきた。教授昇進を迫られ、それが嫌であったとか、育ててきた後進に道を譲るためであったなど、様々に伝わってきたが、真相は不明である。

私も幾つかの大学を渡り歩いているので言えるのだが、同じ職場にいると、その体質にいつしか泥《なず》んでしまうことに危機感をおぼえ、新たな研究環境を求めて動いたのであろう。伝わってきた諸説はその契機になった一つに過ぎないと思う。あるいは自らを中世の漂泊民に仮託していたのかもしれない。

そのころから様々なしがらみから解き放たれ、広く日本中世史の魅力を一般の人々やマスコミに伝え、また「日本人の常識」が陥っている問題点を訴えるようになる。本書第二章の「〈無縁の原理〉と現代」はその前者に該当し、第四章の「日本人・日本国をめぐって」は後者に該当する。いわゆる網野史学の全開である。

講演や一般書・歴史書の執筆に追われ、様々な要請に応えてゆくなか、網野史学は広範に受け入れられていったのであるが、いっぽうでその研究方法や史料解釈への批判も目立つようになった。無視する研究さえ生まれてきたのも事実である。

たとえば、すべてを無縁＝自由論で解釈しがちで別の解釈もあること、常に「日本単一民族論」や「百姓＝農民論」などの批判を力説するだけで新たな研究の進展がないこと、視点を中世に定めて論じるだけで古代や近世の独自性を捉えていないこと、などである。

しかし網野さんはその批判を無視していたのではなく、強く意識していて、最初の批判には、その批判を盛り込み、取り込んで応えている。次の批判には、そのようにいくら力説しても虚妄さから離れられないがゆえのあえての繰り返しであることを述べ、最後の批判には、さらにこれから取り組んでゆくことを期していたものと考えられる。

私も一度、講演をうかがったことがあり、いつも読んでいた本の繰り返しのようにも思えたのだが、しかし聴くうちに、何故か、力が湧いてくる、何かをしようかという気にさせられたのを覚えている。本書からも、その美声とともに情熱が伝わってくるのが不思議である。

この時期の網野さんの活動の本領は、一つに、本書が成立する端緒となった、「藤沢・網野さんを囲む会」のような、地域に基盤を置いて活動していた人々との交流にあったろう。この会が「地域からの文化創造」をテーマに掲げたように、地域に入ってその文化の創造に関わってゆかれたのである。

その成果の一端が本書であるが、そこに記されている聴講者との一問一答からは、いかに網野さんが地域の人々に真摯に向かいあっていたのかがよくわかる。また山梨県の歴史系博物館の準備に携わり準備室長に就任されたが、そのことを聞いた時には、絶対引き受けないであろうと思っていたので、びっくりしたものであるが、引き受けられたのは、単に郷里への恩返しという性格のものではなく、「地域からの文化創造」を実践しようとしたからであろう。

もう一つの活動が、学際領域との交流である。考古学者との交流を通じて、中世都市研究会が生まれ、山梨県の帝京大学文化財研究所を場として中世史と考古学とのコラボによるシンポジュームが毎年開かれるようになったが、これは今に続いており、私もその一部を引き受けている。

また本書の第五章の「時宗と「一遍聖絵」をめぐって」に見られるような、絵画史料の研究に資するために『絵巻物による日本常民生活絵引』の復刊にかかわるなど、広範で多彩な活動を展開し、後進のために多くの活動領域を準備したことも忘れられない。

＊

網野さんと最後に逢ったのは、虎ノ門病院の玄関であった。こうしたところで逢うというのは、お互いに年をとった証拠だね、と言われたのが、聞いた最後の言葉である。後で訃報を聞いた時、思い出したことがある。バス停でたまたまお逢いして、小銭がなくて五円貸してくれない、と言われ、お貸ししたところ、これは返さないよ、何かの時には三途の河の渡し賃にするからね、と笑っておられたが、その言葉と笑顔は今も耳に残り、目に焼き付いて離れない。

（放送大学教授）

本書は二〇〇五年十一月十一日、本の森より刊行された。
各章末の註は編者による。
なお各章のもととなった講演は以下の通り。
第一章　一九八二年十二月八日　神奈川県藤沢市民会館
第二章　一九八三年五月七日　藤沢市遊行寺
第三章　一九八四年十二月一日　藤沢市遊行寺
第四章　一九八六年（月日不明）　藤沢市労働会館
第五章　一九九六年八月三日　藤沢市遊行寺

土方歳三日記（下）　菊地明編著

鳥羽伏見の戦に敗れ東走する新選組。近藤亡き後、敗軍の将・土方は会津、そして北海道へ。下巻は慶応元年から明治二年、函館で戦死するまでを追う。

江戸の城づくり　北原糸子

一大国家事業だった江戸城の天下普請。大都市・江戸の基盤はいかに築かれたのか。外堀、上水などインフラの視点から都市づくりを再現する。（金森安孝）

増補　絵画史料で歴史を読む　黒田日出男

歴史学は文献研究だけではない。絵巻・曼荼羅・肖像画など過去の絵画を史料として読み解き、斬新な手法で日本史を掘り下げた一冊。（三浦篤）

滞日十年（上）　ジョセフ・C・グルー　石川欣一訳

日米開戦にいたるまでの激動の十年、どのような外交交渉が行われたのか。駐日アメリカ大使による貴重な記録。上巻は1932年から1939年まで。

滞日十年（下）　ジョセフ・C・グルー　石川欣一訳

知日派の駐日大使グルーは日米開戦の回避に奔走。下巻は、ついに日米が戦端を開き、1942年、戦時交換船で帰国するまでの迫真の記録。（保阪正康）

東京裁判　幻の弁護側資料　小堀桂一郎編

我々は東京裁判の真実を知っているのか？　準備されたものの未提出に終わった膨大な裁判資料から18篇を精選。緻密な解説とともに裁判の虚構に迫る。

頼朝がひらいた中世　河内祥輔

軟禁状態の中、数人の手勢でなぜ源頼朝は挙兵に成功したのか。鎌倉幕府成立論に、史料の徹底的な読解から、新たな視座を提示する。（三田武繁）

甲陽軍鑑　佐藤正英校訂・訳

武田信玄と甲州武士団の思想と行動の集大成。大部から、山本勘助の物語や川中島の合戦など、その白眉を収録。新校訂の原文に現代語訳を付す。

機関銃下の首相官邸　迫水久常

二・二六事件では叛乱軍を欺いて岡田首相を救出し、終戦時には鈴木首相を支えた著者が明かす、天皇・軍部・内閣をめぐる迫真の秘話記録。（井上寿一）

ちくま学芸文庫

列島《れっとう》の歴史《れきし》を語《かた》る

二〇一四年四月十日　第一刷発行

著　者　網野善彦（あみの・よしひこ）
編　者　藤沢・網野さんを囲む会
（松延康隆・阿部忠・川島進・林建二・清野裕司）
発行者　熊沢敏之
発行所　株式会社　筑摩書房
東京都台東区蔵前二―五―三　〒一一一―八七五五
振替〇〇一六〇―八―四一二三
装幀者　安野光雅
印刷所　明和印刷株式会社
製本所　株式会社積信堂

乱丁・落丁本の場合は、左記宛にご送付下さい。
送料小社負担でお取り替えいたします。
ご注文・お問い合わせも左記へお願いします。
筑摩書房サービスセンター
埼玉県さいたま市北区櫛引町二―六〇四　〒三三一―八五〇七
電話番号　〇四八―六五一―〇〇五三

ISBN978-4-480-09618-0 C0121